JULIANA TUBINO E
NARA VAZ GUIMARÃES

ECOSSISTEMA DE PARCEIROS

Literare Books
INTERNATIONAL
BRASIL · EUROPA · USA · JAPÃO

Presidente:
Mauricio Sita

Vice-presidente:
Alessandra Ksenhuck

Chief Product Officer:
Julyana Rosa

Diretora de projetos:
Gleide Santos

Edição:
Carolina Rocha | Cavalo-Marinho Estúdio Criativo

Assistência:
Ivan Nery Cardoso | Cavalo-Marinho Estúdio Criativo

Projeto gráfico:
Bruno Miranda | Cavalo-Marinho Estúdio Criativo

Capa e diagramação:
Gabriel Uchima

Revisão:
Ivani Rezende

Chief Sales Officer:
Claudia Pires

Impressão:
Printi

Dados Internacionais de Catalogação na Publicação (CIP)
(eDOC BRASIL, Belo Horizonte/MG)

T885e

Tubino, Juliana.
    Ecossistema de parceiros: máquina de multiplicar valor / Juliana Tubino, Nara Vaz Guimarães. – São Paulo, SP: Literare Books International, 2023.
    240 p. : il. : 16 x 23 cm

    Inclui bibliografia
    ISBN 978-65-5922-714-3

    1. Planejamento estratégico. 2. Marketing. 3. Sucesso nos negócios. I. Guimarães, Nara Vaz. II. Título.

CDD 658.4

Elaborado por Maurício Amormino Júnior – CRB6/2422

Literare Books International.
Alameda dos Guatás, 102 – Saúde– São Paulo, SP.
CEP 04053-040
Fone: +55 (0**11) 2659-0968
site: www.literarebooks.com.br
e-mail: literare@literarebooks.com.br

Dedicatória

Aos nossos pais Angelo, Mari(vilhosa), Teto e Nivia, que sempre nos mostram o caminho, incentivam e têm um colo quentinho. Se voamos alto é porque vocês nos ensinaram que poderíamos.

Aos nossos maridos Ju e Eric, por caminharem ao nosso lado e serem nossos grandes parceiros de vida.

Aos nossos filhos Bento, Badu, Max e Mia, amores infinitos, que nos ensinam, orgulham e permitem novos olhares diariamente.

Aos nossos irmãos, Fa, Gigi, Luli, Con, Tito e Juju, por estarem sempre perto independentemente das distâncias.

Agradecimentos

Há muitas pessoas que foram importantes para que pudéssemos chegar até aqui. No entanto, as que foram fundamentais são algumas mulheres que raramente recebem o crédito que merecem por tudo o que fazem.

Se este livro existe e se pudemos vencer o mercado corporativo, é porque temos o privilégio de contar com uma rede de apoio de mulheres fortes e inspiradoras que nos apoiam todos os dias em casa, com nossa família.

Obrigada Alexandra, Anita, Graça, Greice, Lili, Linda, Luzia, Maria, Nalva, Pamela e Paula. Vocês nos ensinaram muito em diferentes fases das nossas vidas, e temos uma profunda admiração por quem são e o que vencem todos os dias.

Um prefácio nada convencional

Escolher alguém para ser o prefaciador do seu livro é algo muito significativo, ainda mais em um projeto que envolve duas autoras. Nós queríamos ter pessoas com experiências em diversos aspectos da construção de um ecossistema com parceiros e que entendessem a relevância desse assunto para as empresas. E duas pessoas que se enquadraram nesses critérios também foram as que melhor testemunharam a escrita deste livro.

Eric e Juliano são grandes nomes do mercado. Eric é um dos fundadores da RD Station, empresa que você verá aparecer nas próximas páginas como referência em atuação com parceiros. Juliano, executivo que trilhou uma carreira brilhante, foi um dos responsáveis pelo processo de aquisição da RD pela TOTVS, outra empresa que vai figurar por aqui também. Juliano recebeu do Eric o bastão de CEO da RD e, juntos, fazem parte do *board* de decisões estratégicas da empresa. Além disso tudo, eles são nossos maridos e as pessoas que mais apoiaram cada passo da construção deste livro.

Mas tínhamos um desafio: como fazê-los escrever? Resolvemos, então, deixá-los sozinhos numa sala de reunião virtual e gravar a conversa.

***

Juliano Tubino entrou.

Eric Santos entrou.

Você, caro leitor, foi adicionado a uma chamada.

Juliano: Você sabe se este papo vai ser intermediado por alguém ou a gente pode já sair conversando?

Eric: Não tem ninguém mediando, não. É só a gente mesmo.

Juliano: Eu entrei aqui e só apareceu o *pop-up* de "está gravando"... É a cara delas mesmo. Então bora lá.

Eric: Eu acho que um bom ponto de partida é começarmos falando do momento de mercado que estamos vivendo. Vejo que, hoje, existe uma agenda mais explícita de crescimento com eficiência, então as empresas continuam tendo a expectativa de crescer rápido, mas crescer com cada vez mais eficiência, com bons indicadores e, um pouco mais à frente na jornada, com lucratividade também.

Nesse sentido, os programas de parceria, os programas de canais, são uma alavanca que poucas empresas efetivamente lançam mão. Ainda são poucas as empresas que assumem o papel de orquestradoras de ecossistema, tanto na indústria de tecnologia quanto em outras. E se for uma estratégia bem--feita, tende a trazer camadas de crescimento adicionais à empresa porque o objetivo não é substituir um canal de vendas e atendimento ao seu cliente final direto. Pelo contrário, é você ter um canal a mais contribuindo para essa agenda de eficiência. Isso sempre foi importante, mas as empresas estão sendo mais cobradas por esses resultados – e essa é uma das razões desse conteúdo ser tão relevante agora.

Juliano: Exato. A atuação com parceiros sempre foi e continua sendo um tema relevante. A gente viu, nos últimos 10 anos, a maior parte das empresas de todos os segmentos digitalizando. E não no sentido clichê, de que passaram a ter que atualizar seus processos com tecnologia, mas no sentido de buscar escala na forma como elas vão ao mercado, na forma como destrincham a jornada dos seus clientes e aumentam seu alcance.

Eu vejo que a mesma ênfase que as empresas de varejo deram à necessidade de terem *e-commerces*, por exemplo, é o mesmo nível de prioridade que a operação com parceiros também precisa ter. É a partir dessa visão que as empresas vão evoluir a estratégia com parceiros para uma estratégia com ecossistema. E talvez com um significado muito mais real do que era no passado, pelo fato de as coisas estarem realmente mais conectadas.

Então, a capacidade de interconectar esses componentes de parceiros se faz não só possível, mas necessária, porque vira vantagem competitiva. É quase que uma analogia: com a mesma necessidade que a gente vê as empresas criando canais de relacionamento digital, produtos digitais, modelos de vendas digitais, modelos de entendimento de dados dos clientes, elas terão essa mesma abordagem para um conceito de ecossistema em que todos os parceiros e as empresas que, de alguma forma podem ajudá-las a prestarem serviços melhores, podem e devem estar conectados.

Eric: E falando em transformação digital, tem um ponto que vale a pena reforçar, que em geral você não vê muito esse tipo de comentário em materiais sobre evolução do modelo de negócios em mercados menos maduros, mas que eu considero superimportante e vejo a RD como um dos exemplos disso: em mercados menos maduros, em desenvolvimento, você sempre vai ter uma parcela do público-alvo com menos maturidade para adotar a sua solução sozinha. Então, na prática (ou no caso do RD), não é só que o canal é um modo eficiente de vender e atender os clientes, é que **efetivamente tem uma parcela das PMEs no Brasil que não consegue fazer a implementação do produto sozinha e estaria fora do nosso mercado potencial se não tivéssemos parceiros.** Então, em um mercado como o nosso, os parceiros são uma forma de ampliar o acesso ao público que queremos atender. E tem tudo a ver com esse ponto que você trouxe, porque à medida que as empresas trazem novas soluções, novos produtos, novos canais de aquisição desses clientes, não necessariamente os clientes estarão prontos para usar e implementar essas ofertas – e aí que os parceiros fazem uma ponte importante.

Hoje em dia é relativamente fácil copiar um produto. É um pouco mais difícil copiar um canal de aquisição. Porém, copiar um ecossistema é praticamente impossível. A empresa que sai na frente nesse sentido cria vantagem competitiva sustentável também.

Juliano: Enquanto você falava, eu estava pensando: se torna uma vantagem competitiva *versus* empresas globais e, a priori, até com mais poder de fogo em termos de produto e alcance. **É mais do que uma necessidade ou um adicional, se torna o diferencial mesmo. RD e TOTVS são exemplos interessantes onde a estratégia de ecossistema acaba sendo (sem risco aqui de exagerar) mais importante do que o próprio produto que vendem.**

Eric: E a decisão da Nara e a Ju escreverem juntas foi muito interessante. Elas trazem bastante experiência prática e concreta de terem implementado, tocado, gerenciado esses programas. Porque a gente sabe que uma coisa é a teoria, conceito, outra coisa é tocar esse negócio no dia a dia, resolver bucha do parceiro e fazer a empresa e os parceiros crescerem.

Juliano: Eu vi o desenvolvimento da carreira da Ju numa operação local (Brasil), depois assumindo responsabilidades para a região da América Latina onde não só abria o escopo para outros países, mas para países com tamanhos e maturidades diferentes. E, num terceiro momento, assumiu uma posição global na Microsoft. Então, é uma carreira dedicada a desenhar estratégias e implementar mecanismos para potencializar receita em empresas que valorizam ecossistemas de parceiros em instâncias locais, regionais, globais, operando por nicho ou de maneira geral. É um privilégio poder ter a perspectiva dela e da Nara organizando esse conhecimento de uma forma estruturada para que as pessoas possam ter o melhor de todos esses anos de experiência prática – e com resultados.

Eric: Elas têm essa experiência e, também, refletem sobre o tema. Outra coisa que eu vejo quando geralmente se fala de parceria, tem muita coisa criada em cima da hora, não tem uma estrutura para pensar o que é um parceiro ou quais são os diferentes elementos de um programa de parceria. Elas decidiram preencher essa lacuna.

Não é de hoje que elas pensam sobre o tema, e se desafiaram a construir uma metodologia a partir de toda essa bagagem que elas trazem. A Nara, no trabalho da consultoria da Plural Sales, se expõe a diferentes tipos de clientes e negócios que trazem necessidades e modelos totalmente diferentes de parceria. Essa complementaridade de experiências é muito rica, porque o que elas estão trazendo não serve só para empresas de tecnologia ou modelos parecidos com a RD. Tem uma gama enorme de possibilidades e elas mostram muito bem que construir um programa de parceiras eficiente não significa escolher "um modelo que serve para todos". **Cada negócio poderá adaptar a metodologia para o seu contexto.**

Juliano: Cara, elas se esforçaram para conseguir colocar toda a experiência prática, todas as referências que elas conseguem ver (não só do que elas viveram, mas que também buscaram no mercado) para exemplificar os comportamentos e as características positivas e que funcionam. Fizeram isso muito bem, não só na forma que elas distribuíram os capítulos, mas no próprio *framework* que depois ajuda na aplicação disso. **Eu diria que é um MBA em um livro.** É conteúdo de altíssimo nível mesmo. E que eu me vejo e vejo pessoas lendo e relendo o livro como ferramenta e referência.

Eric: Elas conseguiram trazer em diferentes partes do livro referências do que significa ser *world class* em diferentes temas relacionados a parcerias. Então, é legal para os leitores saberem o que existe lá fora e o que significaria ter excelência dentro daquela temática. E o leitor ainda faz uma autoavaliação em cada um dos eixos da metodologia para identificar os próprios níveis de maturidade para aplicar o que elas apresentam e, a partir disso, desenhar um mapa de melhoria, um mapa de desenvolvimento. **Tem o conceito, tem a metodologia, mas acima de tudo tem uma preocupação de "onde você está e qual seria um caminho adequado para você evoluir a partir daí?".**

E tem *cases* concretos. O livro, de forma geral, não está preocupado em ser uma tese acadêmica, é uma referência para as pessoas implementarem e terem resultados na prática. **Em termos de benefícios finais, este é o grande trunfo: conseguir fazer as empresas ganharem mercado, eficiência e defensibilidade no negócio.** É o que o leitor deve esperar da aplicação dos conceitos do livro.

Juliano: E um ponto importante é o seguinte: a experiência coletiva das duas, né, do benefício de se implantar estratégias apoiadas por *playbooks*. Quando você se empenha em fazer qualquer coisa, ter do seu lado um nível de rigor e documentação que traga exatamente métricas do que é sucesso, o que não é, traga os passos, o que fazer e como, isso auxilia a execução de forma muito estruturada.

Eric: Total. Aqui no Brasil, quando a gente fala de fundos ou organizações que se propõem a apoiar o crescimento de empresas e líderes, quando o tema é modais de vendas ou até PLG (*Product-Led Growth*), tem pouco ou quase nada de conteúdo relacionado a isso. Este livro é uma grande contribuição para o mercado.

Juliano: Exatamente. **E só para não esquecer, mencionando aqui, elas têm outra coisa muito importante:** *loving husbands**.

Eric: E sabem fazer *stickers* de WhatsApp muito bem. O que é uma *skill*…

Juliano: É uma *skill* diferente. E se dão bem, velho. Impressionante como as duas se dão bem.

---

* Maridos apaixonados.

SUMÁRIO

INTRODUÇÃO
SEM PARCEIROS,
SEU NEGÓCIO NÃO TEM SOLUÇÃO 11

CAPÍTULO 1
A FRAGILIDADE DOS MODELOS
DE NEGÓCIO TRADICIONAIS 21

CAPÍTULO 2
A METODOLOGIA OCTO PARA
O CRESCIMENTO EM REDE 33

1º MOVIMENTO: ARQUITETURA

CAPÍTULO 3
VISÃO E ESTRATÉGIA................................. 43

CAPÍTULO 4
DESIGN E MODELOS 55

2º MOVIMENTO: JORNADA DO PARCEIRO

CAPÍTULO 5
ATRAÇÃO E RECRUTAMENTO....................... 81

CAPÍTULO 6
CAPACITAÇÃO – PARTE 1............................. 99

CAPÍTULO 7
CAPACITAÇÃO – PARTE 2.................................... 107

CAPÍTULO 8
CO-GTM 119

3º MOVIMENTO: GESTÃO E ESCALA

CAPÍTULO 9
PROGRAMA DE PARCEIROS 141

CAPÍTULO 10
TIME DE PARCEIROS 165

CAPÍTULO 11
GESTÃO DO ECOSSISTEMA
POR ADRIANO NEVES 187

CAPÍTULO 12
CONSTRUA SEU OCTO
E PLANEJE OS PRÓXIMOS PASSOS...................... 217

CAPÍTULO 13
FORA DA CAIXA
INÚMERAS FORMAS DE
CONSTRUIR ECOSSISTEMAS 221

CONCLUSÃO 231

Sem parceiros,
seu negócio não tem solução

> *"Não se trata de árvores isoladas, e sim de enormes comunidades conectadas que, por meio das raízes, trocam nutrientes, água e informações. Comunidades extensas que, não raro, podem até incluir plantas de diferentes espécies e que baseiam sua possibilidade de sobrevivência mais na cooperação do que na concorrência."*
>
> **STEFANO MANCUSO***

Na natureza, quanto mais diverso o ecossistema, mais estável ele é. Pense, por exemplo, numa floresta tropical. Há uma grande variedade de espécies que dependem umas das outras para sobreviver. As árvores altas fornecem sombra para as plantas menores, enquanto as plantas menores ajudam a reter a umidade do solo. Os fungos são essenciais na decomposição da matéria orgânica e na reciclagem de nutrientes para manter o solo saudável. As bromélias, plantas que crescem em árvores, formam pequenos reservatórios de água que fornecem umidade para outras plantas e um habitat para animais, como sapos e larvas de mosquitos. As raízes das árvores ajudam a evitar a erosão do solo e a proteger as margens dos rios.

Os animais também desempenham um papel importantíssimo. As aves e os insetos polinizadores são cruciais na reprodução das plantas e ajudam na dispersão de sementes. As formigas colaboram para manter a saúde da floresta, eliminando organismos mortos e ajudando a controlar a população de herbívoros. **Todos esses componentes trabalham juntos para criar um ecossistema complexo e interdependente, no qual cada elemento desempenha um papel importante no equilíbrio ecológico geral da floresta.**

Mas por que estamos começando um livro de negócios falando sobre florestas, natureza e equilíbrio na complexidade?

Porque lá longe; já quase a perder de vista, os negócios deixaram de funcionar seguindo uma lógica exclusivamente linear e competitiva. Hoje, foguete dá ré e a inteligência artificial virou ferramenta de trabalho diário. Ter um negócio escalável é algo muito mais amplo do que ter um fornecedor que vende seu produto via *marketplace*.

---

* Mancuso, Stefano. A planta do mundo (p. 63). São Paulo: Ubu Editora, 2019.

À medida que a experiência do cliente evoluiu e os mais diversos mercados foram sendo transformados por meio de tecnologias como nuvem, APIs e inteligência artificial, os modelos de negócio e seus efeitos de rede rapidamente substituíram táticas de mercado tradicionais e fechadas. **Neste novo contexto, as empresas mais prósperas criaram uma barreira competitiva ao construir e pertencer a um ecossistema de negócios.**

Por muito tempo, quando estávamos em rodas de negócio, a discussão era centrada no produto que determinada empresa estava desenvolvendo. Isto mudou. Embora obviamente a solução para o cliente final continue sendo muito importante (sem produto bom, sem vida longa no mercado – fato!), **há uma conversa que ganhou importância: o papel do ecossistema nos modelos de negócios.**

No mundo da tecnologia, que foi a nossa escola, as empresas mais bem-sucedidas não são necessariamente as tecnologicamente mais avançadas, mas as que têm modelos escaláveis com distribuição forte e parceiros que complementam a sua proposta de valor. Para mostrar como isso é verdade, pense em quantos negócios promissores foram massacrados (ou comprados) por competidores que têm um ecossistema melhor estabelecido e que se sobrepõem a um produto matador.

Para dar um exemplo concreto – e que se manterá atual por vários anos enquanto o avanço das tecnologias de inteligência artificial se desenrola – por que você acha que a Microsoft já investiu mais de 10 bilhões de dólares na OpenAI, a empresa por trás da inteligência do chat GPT? E por que você acha que a OpenAI aceitou que a Microsoft se tornasse uma sócia tão relevante de um negócio promissor[*][**]?

A justificativa para a união entre OpenAI e Microsoft e outros casos emblemáticos que você pode recordar ou ver nas notícias por aí é a mesma. Essas empresas, juntas, exponencializam a sua força.

---

[*] OpenAI and Microsoft extend partnership. **OpenAI,** 2023. Disponível em: https://openai.com/blog/openai-and-microsoft-extend-partnership. Acesso em: ago. 2023.

[**] PACETE, Luiz Gustavo. O que significa o investimento da Microsoft na OpenAI? **Forbes Tech,** 2023. Disponível em: https://forbes.com.br/forbes-tech/2023/01/o-que-justifica-os-investimentos-da-microsoft-na-openai/. Acesso em: ago. 2023.

É mais estratégico serem negócios aliados do que negócios rivais, e esse fluxo está longe de desacelerar. Relações assim se multiplicarão e reinarão os ecossistemas mais ágeis e coesos.

E esta é uma das lições-chave que nos fez escrever este livro: o futuro será de empresas que tiveram habilidade de alavancar seus negócios em ecossistema.

Nossa visão para ecossistemas e modelos de parcerias se baseia na integração entre empresas independentes. Negócios que convivem em um mesmo ambiente de mercado e que, quando operam em sinergia, complementam a sua proposta de valor ao cliente e se tornam ainda mais relevantes e dominantes, dificultando a entrada de outros *players* que não estejam conectados ao ecossistema criado.

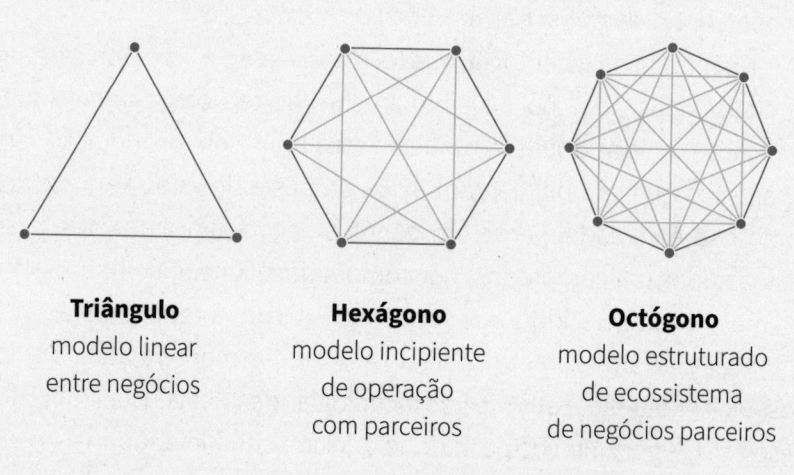

Triângulo
modelo linear
entre negócios

Hexágono
modelo incipiente
de operação
com parceiros

Octógono
modelo estruturado
de ecossistema
de negócios parceiros

Nenhuma empresa conseguirá operar sozinha de maneira sustentável

Voltando um pouco no tempo, os modelos de negócios foram inicialmente liderados por vendas. Os vendedores eram os únicos protagonistas, profissionais bem treinados e apoiados por sistemas e técnicas de persuasão. O comercial era o departamento mais premiado e invejado pelas outras áreas da empresa. Era a área que "carregava o negócio nas costas" e ditava a pressão para os demais.

No entanto, ao longo do tempo e à medida que o cliente ficou mais *safo* digitalmente, papéis de geração de receita restritos ao comercial passaram a também fazer parte das rotinas dos times de marketing, sucesso do cliente e até produto.

Especialmente com as evoluções do marketing digital, o vendedor passou a ter menos tempo com o cliente ao longo de sua jornada. Segundo uma pesquisa global feita pela Gartner, no processo de decisão dos consumidores, estes não passam mais do que 5% ou 6% do tempo com um representante de vendas.*

Desde então, o papel do marketing evoluiu e se aproximou da responsabilidade de receita. Em sua essência, segue sendo a arte de entender o cliente, influenciar comportamentos e engajar na jornada, mas essas responsabilidades ganharam mais complexidade, com novos canais de distribuição, *Growth* e toda a sopa de letrinhas que surgiu nessa próxima fase. E à medida que o mercado se adapta à dinâmica digital, mais uma vez o que era diferencial vira *commodity* e mídia paga fica cada dia mais "paga" – em muitos casos, também menos eficiente.

Nesse sentido, inúmeras empresas viram os investimentos em tráfego pago crescerem drasticamente, dobrando ou triplicando nos últimos anos. Há anos a ProfitWell já tinha sinalizado um aumento em 50% nos custos de aquisição de clientes (CAC) e queda de 25% nos resultados orgânicos via SEO (*search engine optimization*) em *desktop* e 55% em celulares num ciclo de comparação de apenas dois anos!** Quantas empresas conseguem dizer que tiveram crescimento em seus resultados nessas mesmas proporções em intervalos tão pequenos? Poucas. Muito poucas.

Mas vamos resumir a continuidade dessa história para chegarmos onde interessa. A responsabilidade direta de geração de receita, que antes era quase exclusiva de vendas e passou a ser com-

* The B2B Buying Journey. Gartner. Disponível em: https://www.gartner.com/en/sales/insights/b2b-buying-journey. Acesso em: ago. 2023.

** CAMPBELL, Patrick. Is Content Marketing Dead? Here's Some Data. Recur, 2018. Disponível em: https://www.profitwell.com/recur/all/content-marketing-customer-acquisition-cost. Acesso em: ago. 2023.

partilhada com marketing, também chega no "pós-venda": quando o modelo de negócios evoluiu para uma compra de recorrência, o momento da venda deixa de ser o fim em si mesmo, e inicia-se uma relação que passa a ser construída e monetizada de diferentes formas a partir daquele ponto. Passamos, então, a discutir e implementar novas metodologias de sucesso centrado na experiência do cliente. A evolução não para por aí!

Logo entram em cena novas formas de engajar o cliente para testar o valor do produto de forma autônoma (modelo PLG - *Product Led Growth*)... para então começarmos a explorar a disponibilidade de mais dados e mais inteligência na operação com o boom de IA... Ufa!

Ou seja, a operação não para nunca! As formas e recursos mudam, e não vão parar de evoluir. Mas tudo o que foi dito acima não arranha a superfície do que acreditamos ser o ponto central da nova era que veio sendo construída fora dos holofotes, e promete ser a próxima grande virada dos modelos de negócios.

Para nós, a maioria dos negócios e dos profissionais ainda ignora a mesma verdade que permitiu a diferenciação das maiores empresas do mundo: os modelos de ecossistema.

O modelo de sucesso não é linear nem 2D – o modelo é construído a muitas mãos. Acreditamos no início de uma nova era que soma aos diferentes modelos que já foram aprendidos e aperfeiçoados: **a era do Ecossistema.**

Esse modelo permite uma enorme amplitude de possibilidades que exploraremos no decorrer deste livro, mas a essência é viabilizar mais negócios e melhor experiência para o cliente.

Decidimos mergulhar neste tema porque esta é uma visão que já passou a ser reconhecida como mais moderna, necessária e valorizada pelos clientes e até pelos investidores. Investidores de capital de risco (VCs), inclusive, têm se tornado mais propensos a apostar em empresas que valorizam o ecossistema e priorizam a venda conjunta com parceiros em detrimento da venda direta. Sarah Wang, sócia-gerente da Andreessen Horowitz, disse: "Um *pipeline* consistente gerado por parceiros é um forte indicador do potencial de crescimento de receita de uma *startup*. [...] Fortes programas de parcerias são sinais de um investimento seguro em meio à incerteza econômica".*

Nós perguntamos ao Patrick Arippol, cofundador da Alexia Ventures, gestora de *venture capital* brasileira, como eles veem os ecossistemas em suas análises de investimento. Ele disse que "uma rede bem estabelecida de parceiros evidencia a importância de tal solução para o mercado e aumenta o valor dela. Temos claras evidências que modelos mais inovadores de *go-to--market*, como o de venda indireta (redes de parceiros) e *product led growth* vão se tornar os mais importantes para soluções B2B de software, SaaS, e Inteligência Artificial. Tanto é que uma das duas tendências que acreditamos que mais transformará o mercado mundial de software é algo que chamamos de *network based community*, ou seja, todo o ecossistema de empresas e pessoas cujo trabalho gravita ao redor de uma tecnologia específica"**.

Em um *paper* publicado pela Accenture (cujo título, em tradução livre, seria *As pedras angulares do crescimento no futuro: ecossistemas*), a maior empresa de consultoria do mundo afirma que os ecossistemas serão o principal agente de mudança até 2028***.

Na época, Oliver Wright, diretor de estratégia da Accenture, disse numa entrevista que "é provável que vejamos mais empresas – particularmente aquelas que tradicionalmente são concorrentes – unindo forças à medida que buscam criar um crescimento e alcançar agilidade competitiva. [...] A coopetição continuará a crescer e, como resultado, parcerias emocionantes se formarão, algumas das quais já reconstruíram mercados e indústrias em todo o mundo"****.

E aqui precisamos ser bem diretas: não importa a indústria ou segmento em que você opera, acreditamos que nenhuma empresa

---

* (em tradução livre) Crossbeam.Andreessen Horowitz's Sarah Wang: The best performing companies are prioritizing partnerships. YouTube, 14 jun. 2022. Disponível em: https://www.youtube.com/watch?v=OkB8Ce6WvXo. Acesso em: ago. 2023.

** Em entrevista para as autoras em 1°/09/2023.

*** WOODIE, Alex. Ecosystem Play to Generate $100T by 2028, Accenture Says. Datanami, 2018. Disponível em: https://www.datanami.com/2018/07/12/ecosystem-play-to-generate-100t-by-2028-accenture-says/ . Acesso em: ago. 2023.

**** Ibidem. Tradução livre.

conseguirá operar sozinha de forma sustentável. Embora a tecnologia vá seguir redefinindo habilidades e o nosso futuro, precisamos estar preparados para colaborar de forma sistematizada com as empresas que circundam os nossos negócios. E implementar essa estratégia não pode ser uma abordagem caseira.

Ao falarmos de parceiros, vamos usar também o termo *canais*. Justamente porque entendemos que os parceiros são canais adicionais para a estratégia de expansão dos negócios. Então, todas as vezes em que dissermos "operação via parceiros", "operação via canais" e expressões semelhantes estamos nos referindo a esse modal indireto.

Como empreendedores e líderes, não podemos nos deixar distrair pela infoxicação das siglas e dos *hypes* tecnológicos. Assim como na floresta tropical, a sinergia criada pela colaboração pode levar a um crescimento exponencial e um efeito de inovação muito mais robusto e duradouro. E é preciso saber *como* fazer isso para obter esse potencial.

Nesse contexto, as empresas que sempre tiveram operações de canal precisam eventualmente redefini-los, e aquelas que nunca tiveram devem se acostumar com a ideia de que agora precisam minimamente refletir a respeito.

É uma nova mentalidade: todos por todos

Voltando ao exemplo da floresta, um ecossistema estável é aquele em que os organismos estão engajados em uma relação simbiótica que promove sustentabilidade e crescimento comuns. A interdependência significa que todos os membros do grupo têm um papel a desempenhar, e a colaboração é essencial para que trabalhem em direção a um objetivo compartilhado. É menos "todos por um" e mais "todos por todos" porque o desequilíbrio de poder não é uma característica de um ecossistema verdadeiro.

A indústria de software pode novamente exemplificar o que queremos dizer aqui. A Openview, uma das grandes empresas de *venture capital*, afirma que o "sucesso nunca é uma conquista solitária, principalmente na indústria de software. Do design e desenvolvimento à implantação e distribuição, as empresas de software utilizam um amplo espectro de conjuntos de habilidades e redes para dar vida às suas visões, colocando seus produtos nas mãos dos usuários finais". Uma afirmação que vemos valer para diferentes indústrias.

Assim, em um ecossistema, você não consegue desenhar uma estratégia bem-sucedida pensando no sucesso de apenas uma parte (no caso, a "sua" parte). **Como mentalidade, você precisa se perguntar o que a sua empresa pode e precisa fazer pelos demais elos da cadeia – seus parceiros e os clientes que vocês servem.** Uma filosofia que precisa ser adotada em toda a organização, do CEO às áreas de marketing, vendas, produto, sucesso do cliente, engenharia, finanças, RH e todos os demais times.

Nossa ambição com este livro é mostrar como você pode implementar um modelo cooperativo com um potencial exponencial de crescimento não apenas para seus negócios, mas para todo o ecossistema que você passará a integrar. Queremos propor como estabelecer uma relação de sucesso mútuo que aumente a relevância e a longevidade do seu negócio no mercado.

O modelo mental de ecossistema – e não apenas a construção de um bom programa de canais e parceiros – é o ponto inicial para um negócio antifrágil e que se torna uma vantagem competitiva difícil de quebrar. O crescimento exponencial dificilmente virá das melhores táticas, mas sim das empresas que incorporam a mentalidade, o processo e a estrutura de como crescer em rede.

Embora pareça óbvio, esta não é uma reflexão comum. Já ouvimos muitas empresas perguntando "como crio um programa de canais?", "onde posso plugar uma pessoa responsável por canais na minha organização?" e isto é definitivamente começar do final para o começo.

---

* BAZAR, Cece. Unlock the Channel: New Guide to Leveraging Value Added Resellers. Openview, 2015. Disponível em: https://openviewpartners.com/blog/leveraging-value--added-resellers/. Acesso em: ago. 2023.

Uma metodologia para a construção de ecossistemas

Escrevemos este livro com base na nossa experiência de liderar e apoiar empresas em seus modelos indiretos. São anos construindo times e programas que elevaram o patamar de diversos negócios impactados direta ou indiretamente pelos ecossistemas que ajudamos a fomentar. Aqui, falamos diretamente para os negócios que querem ser líderes e construir programas para operação com parceiros – os quais chamamos de "orquestradores" ao longo do livro. No entanto, este conteúdo também servirá para os negócios que querem ser "elos" e atuar como canais de outros negócios – tanto para que tenham resultados melhores ao tirar melhor proveito dos programas de parcerias, como também para que possam contribuir para o fortalecimento dos ecossistemas aos quais pertencem ou querem pertencer.

Nos próximos capítulos, apresentaremos o Octo, a metodologia que desenvolvemos para que, qualquer que seja o seu negócio ou a sua indústria, você consiga estabelecer todos os pontos para a implementação de uma estratégia de parceiros. São oito eixos estruturantes nos quais você avaliará o estágio atual de maturidade da organização e entenderá onde focar esforços para evoluir sua estratégia e como fazê-lo de forma eficiente. Para cada um dos eixos, apresentaremos *frameworks* e orientações práticas para a implementação dessa metodologia no seu negócio.

Ao longo do livro, você terá clareza de como as possibilidades do trabalho em rede podem melhorar a sua proposta de valor e oferecer um caminho para escalar seu negócio, tendo como referência casos de sucesso atuais. Vai receber todas as peças de um quebra-cabeça para construir uma estratégia relevante, considerando os parceiros como figuras-chave na sua operação, independentemente de quais etapas da jornada do cliente serão compartilhadas por vocês.

Você sabe – e a gente também: um plano não é nada se não tiver execução. Prepare-se para colocar a mão na massa!

Capítulo 1

A fragilidade
dos modelos de negócio
tradicionais

Darwin já dizia que a evolução da humanidade e de toda a vida no planeta sempre foi resultado daqueles que aprenderam a colaborar e a se adaptar. E essa é uma verdade que vale para os negócios.

Quando decidimos investigar profundamente como as empresas poderiam prosperar num contexto de volatilidade e transformação acelerada, entendemos que a construção de ecossistemas de negócios é a grande chave que todos os líderes e gestores buscavam. Mas, para entender como chegamos a essa conclusão, é preciso darmos alguns passos para trás e mostrar o que nos trouxe até aqui. Neste capítulo, vamos falar de definições, teorias e modelos como estrutura para o livro e o método que apresentaremos.

É comum ouvirmos expressões como **a morte da concorrência** justamente porque a visão de rede permite que os empresários não se vejam mais como desbravadores solitários. Ao contrário, eles se tornam responsáveis por criar tração e conexão entre parceiros estratégicos, que sejam capazes de gerar mais valor para si à medida que geram mais valor para o cliente que atendem. É uma lógica que desafia os modelos tradicionais que estão tão impregnados em nossa formação no meio corporativo.

Nos modelos tradicionais, as empresas olham para a própria estrutura como se fosse capaz – ou tivesse que ser capaz – de resolver todos os problemas da jornada do cliente. Acreditam que esse é o único caminho para crescerem e se tornarem reconhecidas como líderes de mercado. Elas, então, guardam seu conhecimento a quatro chaves ao mesmo tempo em que sofrem com os dilemas de investimento e recursos internos para fazer seus planos incríveis acontecerem.

Como nossa escola é o mercado de tecnologia, vimos diversos negócios emperrarem porque tinham uma visão clara para os objetivos de crescimento, mas não entendiam que cada fase de suas empresas tinha necessidades diferentes.

Em linhas gerais, uma empresa que busca criar um negócio escalável passa por pelo menos quatro fases[*]:

---

[*] COCHRAN, Tim. Digital Scale Ups. Thoughtworls, 2022. Disponível em: https://www.thoughtworks.com/en-de/insights/articles/digital-scaleups. Acesso em: ago. 2023.

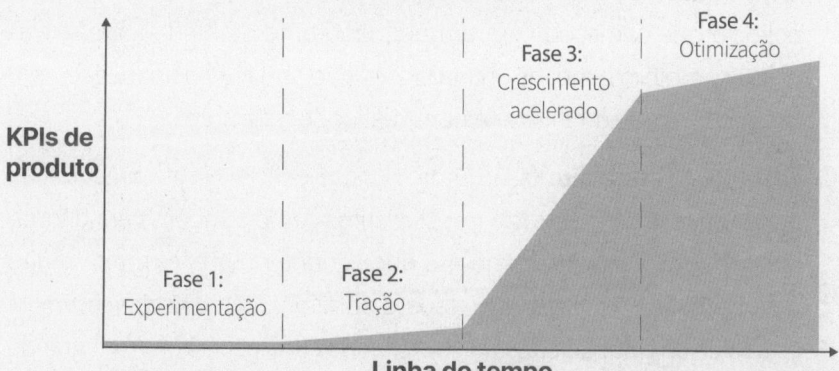

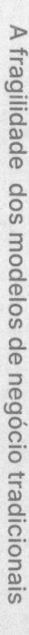

O **Fase 1- Experimentação:** nesta fase, temos o fundador e um time muito enxuto em momento de concepção e testes iniciais da solução que querem oferecer ao mercado. Aqui, o investimento dos empresários é focado em tempo e conhecimento. Como o negócio ainda precisa ser validado, não se recomenda grandes investimentos em tecnologia. Os fundadores precisam ser rápidos para checar se há demanda para o que querem construir;

O **Fase 2 - Tração:** validação do MVP (produto mínimo viável) e PMF (fit do produto com o mercado). O time já ganha mais robustez, a empresa entra num ciclo de aprendizado e ajustes mais intensos a fim de se preparar para a próxima fase.

Na nossa visão, uma estratégia de parceiros deve começar a ser implementada a partir da segunda fase, quando o produto e o mercado estão validados e os fundadores conseguem trazer dados mais precisos em relação aos potenciais de crescimento e os recursos que a empresa precisa para dar o próximo salto;

O **Fase 3 - Crescimento acelerado:** é nesta fase que os maiores gargalos aparecem – momento em que o ecossistema de parceiros se apresenta como um recurso valioso para destravar o crescimento.

Se o produto principal é uma solução tecnológica, por exemplo, nessa fase, é preciso investir pesado em novas funcionalidades e sistemas

A fragilidade dos modelos de negócio tradicionais

de integração, a capacidade de atendimento precisa crescer rápido e, consequentemente, o time também. É como se, de repente, aquele negócio que começou com um pequeno time de fundadores se tornasse complexo e muitas organizações não têm fôlego financeiro nem *know-how* para administrar a nova realidade da empresa;

○ **Fase 4 - Otimização:** fase de melhoria da eficiência da organização tanto em relação a custos e investimentos como também para o fortalecimento da cultura da empresa que agora tem uma estrutura muito maior e mais complexa. Nesta etapa, o posicionamento de mercado está estabelecido e os líderes estão trabalhando com foco no próximo grande lançamento ou na estratégia de expansão do negócio.

O que impede diversos negócios de ultrapassarem a fase 2 e seguir para as fases 3 e 4, na nossa visão, é justamente porque lhes falta conhecimento e estratégia para gerenciar o crescimento de maneira mais sustentável e que mitigue os riscos da organização.

Aplicando um modelo de *go-to-market* (GTM) – plano de ida ao mercado da sua oferta – que privilegia a construção de um ecossistema, é possível que uma empresa tenha parceiros que entram no jogo não apenas como prestadores de serviços, mas com apoio de infraestrutura e estratégia. Inclusive para potencializar a entrada das suas soluções inovadoras num mercado mais abrangente e de maneira mais competitiva.

A maior parte das empresas que alcançaram a liderança em suas categorias foram aquelas que adotaram uma estratégia sólida e intencional de ecossistema, seja acelerando e catalisando a criação de um ecossistema ao seu redor ou, com exemplos ainda mais abundantes, aquelas que entenderam os ecossistemas existentes e souberam ler e participar deles de forma protagonista.

Nós entendemos que a evolução dos modelos, produtos e tecnologia para o crescimento das empresas só alcança seu estado ótimo quando acompanhados de uma estratégia de ecossistema relevante. Se analisarmos as gigantes globais, como Apple, Microsoft, Facebook, Google, Amazon etc., maior do que o valor de mercado dessas empresas e, de certa forma, o que determinou seu crescimento foi a evolução dos seus ecossistemas. Conforme os ecossistemas se transformam, os modelos de negócios, os lançamentos de produtos e a entrada em novos segmentos se adaptam e se fortalecem. Não importa se estamos falando de negócios varejistas, de tecnologia ou prestação de serviços, esse fenômeno é replicável em todas as indústrias. Basta pensar em exemplos do setor de finanças (XP, BTG, Easynvest, Órama), agronegócios (Monsanto e Caterpillar), saúde (Unimed e Hospital Albert Einstein), além de inúmeros outros (alguns que traremos nos próximos capítulos), todas as grandes referências de atuação no mercado são circundadas por ecossistemas fortes.

Os parceiros são estratégicos para acelerar a difusão do seu negócio

Se o desafio de muitas organizações é romper os gargalos do crescimento ao mesmo tempo em que se apresentam para o mercado com relevância e impacto, a transformação da relação entre negócios é uma grande oportunidade.

Seguindo as teorias de gestão, as relações B2B podem ser meramente transacionais ou cooperativas. Esses dois jeitos de estabelecer os acordos entre empresas parceiras se diferenciam como na tabela a seguir.

Abordagem transacional	Abordagem relacional/ cooperativa
Muitas alternativas;	Uma ou poucas alternativas;
Cada acordo é um novo negócio e ninguém deve se beneficiar de desempenhos passados;	O acordo é parte de um relacionamento e o relacionamento é parte de uma rede;
Explora o potencial da competição;	Explora o potencial da cooperação;
Curto prazo, relacionamentos distantes;	Longo prazo, elevadas exigências e desenvolvimento conjunto;
Renovação e eficiência/eficácia pela mudança de parceiros; escolhas de parceiros mais eficientes a cada momento;	Renovação e eficiência/eficácia pela colaboração e "efeitos da equipe"; combinação de recursos e conhecimento;
Compra/venda de "produtos";	Compra/venda de "competências";
Orientação para a obtenção de preços competitivos para produtos bem especificados.	Orientação para redução nos custos totais e criação de valor.

Adaptado de Axelsson, B. e Wynstra, F. 2002. Buying business services.
Chichester: John Wiley, p. 214 apud SANTOS, 2011.*

Essa comparação deixa claro o que queremos dizer com o investimento em uma mentalidade voltada para a construção de ecossistemas. **Para nós, o relacionamento cooperativo é o melhor caminho para que as empresas acessem um ciclo de aceleração.**

* BRITTO, Elisabete dos Santos. TIPOS DE RELACIONAMENTOS COM FORNECEDORES E SUA GESTÃO E DESENVOLVIMENTO. 2011. 67f. Tese (Mestrado em Marketing) - Instituto Superior de Economia e Gestão, Universidade Técnica de Lisboa, Lisboa, 2011. Disponível em: https://www.repository.utl.pt/bitstream/10400.5/4347/1/DM-ESB-2011.pdf Acesso: ago. 2023.

Ciclo de Aceleração Via
Ecossistema de Parceiros

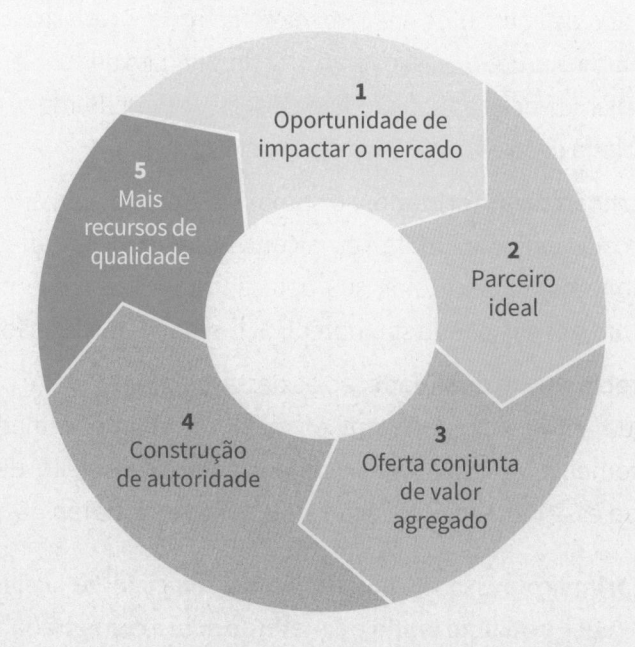

O ciclo de aceleração padrão via ecossistema é o seguinte:

1. **Oportunidade de impactar mercado:** o ponto inicial e central da estratégia a várias mãos é identificar e focar o problema do seu cliente (potencial ou atual) e na jornada que ele precisa percorrer. Quáis são os problemas de negócios que sua empresa e uma empresa aliada conseguem endereçar e gerar impacto relevante ao unir forças?

2. **Parceiro ideal:** as empresas bem-sucedidas na sua estratégia de parceiros focam em empoderar a sua rede de aliados no papel de servir aos clientes comuns. Quanto melhor você conhece os seus aliados de negócios, mais conseguirá estreitar essa relação e gerar valor ao cliente. Ao longo do tempo, a padronização dessa relação é necessária para que a parceria seja replicada de forma sustentável, previsível e escalável – é isso que permitirá a implementação de um programa de parceiros.

3. **Oferta conjunta de valor agregado:** ao ter o cliente no centro da estratégia, qual oferta combinada garante que empresas parceiras entreguem a melhor proposta de valor (serviço e experiência) a ele em todos os pontos de contato de sua jornada? **Note que, propositadamente, não falamos** *produto* **e, sim,** *oferta*. O simples fato de acoplar serviços (de implementação ao seu produto de software, por exemplo) pode ser uma "oferta de maior valor" percebida pelo cliente.

4. **Construção de autoridade:** ao somar forças para educar e engajar o mercado, você aumenta seu alcance e influência, fortalece seu posicionamento, seu valor, sua defesa, multiplica o seu poder de *go-to-market* e expande seu potencial mercado de atuação.

5. **Mais recursos de qualidade:** ao se destacar no mercado e potencializar sua autoridade, você atrai os melhores talentos e mais capital para fomentar o ecossistema, potencializando o efeito de rede e fazendo esse ciclo de aceleração girar cada vez mais rápido.

E o primeiro passo na construção do seu ciclo de aceleração já foi dado – você está aqui lendo e refletindo sobre como trabalhar com parceiros de forma sistêmica e interdependente. Mas, talvez, você esteja se perguntando: *será que as parcerias funcionam mesmo?*

O potencial das parcerias

Como regra geral, o ideal é que você já tenha provado o seu mercado e produto antes de começar a implementar a estratégia de ecossistema por um simples motivo: como os parceiros são empresas que atuam de forma totalmente independente, ter a execução fundamentada em terceiros já na largada pode até fazer uma tese bacana dar com os burros na água. É por isso que dissemos que é recomendado estabelecer esse sistema a partir da segunda fase de crescimento do seu negócio. Querendo ou não, adicionar empresas terceiras na sua operação aumenta o nível de complexidade, o que muitas vezes é subdimensionado pelos executivos e fundadores de empresas.

Há várias vantagens no modelo de negócios via ecossistema, entre elas:

○ **Fortalecimento do seu diferencial competitivo** e aumento da barreira de entrada para concorrentes;

○ **Aumento da capacidade de vendas** sem crescer o time interno na mesma proporção, que reflete positivamente no CAC (custo de aquisição de clientes);

○ **Entrega de uma camada de serviço ou produto complementar** à solução, que amplia o sucesso do cliente e impacta no LTV (*lifetime value* ou ciclo de vida do cliente), sem aumentar proporcionalmente os custos de operação;

○ **Penetração em outros mercados** com conhecimento e credibilidade de quem já opera em determinada região ou segmento.

Tudo isso porque, com uma oferta de valor, experiência e satisfação mais fortes, o ecossistema cria um conjunto de recursos que agregam valor ao seu negócio principal.

No entanto, é preciso também reconhecermos que há desvantagens e desafios nessa construção que devem ser considerados para que você possa fazer uma análise criteriosa antes de tomar qualquer decisão:

○ **Menor controle da operação**, pois ao operar com terceiros existe uma dificuldade adicional na implementação de ferramentas, processos e, por consequência, previsibilidade e experiência do cliente ao longo da jornada;

○ **Potenciais conflitos de interesse** entre os parceiros;

○ **Desalinhamento de cultura, valores e objetivos**, incluindo desafios de comunicação e expectativas;

○ **Responsabilização pela prestação de serviços de um terceiro** e os riscos que isso implica, como os relacionados à associação das marcas;

○ **Necessidade de ter uma boa estrutura para a gestão** de redes de parceiros;

○ **Construção de planos de incentivos e compensação efetivos**, com análises que permitam que o negócio pare em pé no médio e longo prazos;

○ **Resultados que tendem a demorar** mais a aparecer.

A fragilidade dos modelos de negócio tradicionais

Por isso, ter uma metodologia que oriente toda a jornada para a implementação de parceiros faz tanta diferença. Pois ela assegura que você não só estará preparado para obter as potenciais vantagens dessa relação com outras empresas, mas também entregará ferramentas que o ajudarão a lidar e antecipar os caminhos de resolução quando impasses surgirem.

Queremos aproveitar esse momento da sua leitura para contar uma história que vai ajudar você a entender o que pode acontecer quando uma parceria ganha-ganha se estabelece.

No filme *Air: a história por trás do logo,* acompanhamos o processo de negociação entre a Nike e Michael Jordan que, ainda um atleta dando seus primeiros passos na NBA, já era altamente cobiçado pelas marcas esportivas. Nike e Adidas eram rivais para tê-lo como garoto propaganda de seus tênis. Talvez você saiba que a Nike é a marca oficial de Jordan, mas acreditamos que desconheça o motivo pelo qual ele tomou essa decisão.

A Nike criou uma marca exclusiva para o atleta que viria a se tornar um dos maiores atletas de todos os tempos, a Air Jordan. No entanto, mais do que apenas associar a marca ao nome do jogador, o acordo com a Nike incluiu a participação de Jordan nos lucros de todos os produtos Air Jordan. Uma parceria que significou: entramos no risco juntos, os dois lados têm envolvimento relevante no negócio, nós estamos mirando uma parceria com ganhos mútuos no longo prazo.

A marca Air Jordan é reconhecida como uma das parceiras mais lucrativas do mundo dos esportes. Estima-se que represente, em média, 4 bilhões de dólares em vendas para a Nike e 400 milhões de dólares em renda passiva para Michael Jordan anualmente.[*]

Qual o segredo para uma parceria tão bem-sucedida assim? A resposta para essa pergunta passará por todos os pilares que desenvolveremos nos próximos capítulos, mas o ponto de partida é o foco. **Foco em relação a quem queremos alcançar, qual a oportunidade única que perseguiremos e o que esperamos dessa relação.**

No caso da Nike com o Air Jordan, os executivos tomaram a decisão ousada de ter foco para que esse grande projeto pudesse sair do papel:

---

[*] Segundo dados do filme **Air: a história por trás do logo.** (Air: a história por trás do logo. Direção: Ben Affleck. Produção de David Ellison. Estados Unidos: Warner Bros Pictures, 2023. PrimeVideo).

O Em vez de distribuir a verba de marketing da Nike para a divisão de basquete entre diversos jogadores, escolheram apenas um jogador, aquele com quem compartilhavam valores;

O Tiveram foco em relação ao público que eles estavam mirando: público mais jovem, fãs de esportes, que poderiam crescer e se tornar consumidores longevos da empresa;

O Eles não precisavam disparar inúmeras mensagens para esse público, apenas uma e fundamental: somos a marca dos atletas grandiosos.

O desafio do foco acompanha todos os momentos do crescimento de uma empresa. Oportunidades de entrar em diferentes segmentos de mercado, de forma direta, indireta ou híbrida, entre tantos outros dilemas que tornam difícil ter clareza nas prioridades e focar a execução do que realmente precisa ser feito para acelerar o crescimento.

Desenvolvemos a metodologia Octo para ajudar você nessa difícil tarefa de saber onde colocar esforço e energia e como determinar o caminho para a organização crescer de modo mais eficiente em todas as etapas da jornada. Você já enxerga o motivo de defendermos que **o futuro será de empresas que tiveram habilidade de alavancar seus negócios em ecossistema,** e agora está na hora de entender como fazer isso acontecer na prática.

Capítulo 2

A metodologia Octo

para o crescimento em rede

Construir um ecossistema de parceiros demanda que toda a organização esteja alinhada em termos de mentalidade, objetivos e processos, pois só com alinhamento interno e externo robusto, essa relação entrega todo o seu potencial de resultado.

Não dá para começar uma relação produtiva sem a clareza de quais serão os entregáveis e compromissos, como funcionarão as trocas em que o seu negócio se sobrepõe às atividades dos parceiros e vice-versa. Já que enxergamos o crescimento em rede como uma vantagem competitiva, então é claro que esperamos uma execução de alto nível e um processo de evolução colaborativa.

Mas, para obter tudo isso, não basta "só querer construir um ciclo de aceleração com parceiros e sair fazendo". Quando analisamos os bastidores por trás dos melhores *cases* de parcerias nacionais e internacionais, conseguimos perceber que há alguns fundamentos que precisam ser respeitados para a coisa toda funcionar de verdade. Porém, o que impede que mais exemplos de sucesso surjam é a falta de uma metodologia de implementação – e foi justamente isso que desenvolvemos. **Aliás, melhor dizendo: desenvolvemos uma metodologia inspirada pela vida real e casos práticos, apoiada em *frameworks* que servirão como guias para que você organize os esforços da sua empresa em todo o processo de implementação dessa estratégia.**

É importante que aqui você entenda a diferença entre os conceitos de *framework* e metodologia. O *framework* serve como uma estrutura conceitual para direcionar e integrar a linguagem e tratar sobre um determinado desafio (seja gestão de projetos ou desenvolvimento de um novo produto, por exemplo). É comum, como será o nosso caso, que, em estratégias de maior escala, que precise de mais do que um *framework*, pois cada parte desses esforços pode exigir diferentes abordagens para se chegar ao resultado desejado. Já a metodologia é o plano para que o *framework* – ou os *frameworks* – seja colocado em prática[*].

---

[*] What's the difference between Framework and Method? **Daily Agile**. Disponível em: https://dailyagile.com/whats-the-difference-between-framework-and-method/. Acesso em: ago. 2023.

Os *frameworks* são flexíveis e se adaptam à realidade de cada organização, e a metodologia traz orientações mais direcionadas para que você possa ter um conjunto de práticas replicáveis na construção do seu ecossistema de parceiros. [*]

Nosso objetivo é que, a partir desses recursos, você consiga ter um desempenho muito mais eficiente com as iniciativas junto aos canais, garantindo que todas as pontas operem a partir dos mesmos princípios e resultados esperados, tanto em termos financeiros e qualitativos quanto na criação de novas ofertas e oportunidades de mercado.

Método Octo: como construir um ecossistema de parceiros

Nós defendemos que há oito eixos que você deve implementar para construir uma relação de cooperação com outras empresas:

1. **Visão e Estratégia:** modelo de negócios e mentalidade para operação via parceiros compartilhados entre todas as esferas da organização;

2. **Design e Modelos:** identificação dos diferentes modelos de parceria, necessidades e objetivos a serem perseguidos;

3. **Atração e Recrutamento:** estratégias e táticas para atrair e recrutar os parceiros certos. Nesta etapa, temos a criação de perfis de parceiros ideais (IPP), definição dos critérios de parceria e o comprometimento entre as partes;

4. **Capacitação:** recursos para o treinamento, formação e suporte aos parceiros para que sejam representantes eficazes. Compreende os processos de *onboarding* e capacitação contínua;

5. **Co-Go-to-Market (co-GTM):** estratégias conjuntas de ida ao mercado para impulsionar a aquisição de clientes e o crescimento da receita.

* WOOD, Michael. Why You're Confusing Frameworks with Methodologies. **ProjectManagement.com**, 2019. Disponível em: https://www.projectmanagement.com/contentPages/article.cfm?ID=278600&thisPageURL=/articles/278600/why-you-re-confusing-frameworks-with-methodologies#_=_. Acesso em: ago. 2023.

A metodologia Octo para o crescimento em rede

Desde os esforços de marketing e vendas até a gestão da jornada e experiência dos clientes;

6. **Programa de Parceiros:** benefícios, incentivos e as regras da parceria de maneira estruturada para que os pontos de sobreposição e as diretrizes de alinhamento entre as empresas estejam claros e sejam auditáveis;

7. **Time de Parceiros:** gestão interna da jornada do parceiro. A equipe é responsável por fornecer suporte, fomentar a comunicação, atender as necessidades dos parceiros e gerar negócios;

8. **Gestão do Ecossistema:** mensuração e rastreamento dos indicadores-chave de desempenho (KPIs) para avaliar o sucesso e a eficácia do ecossistema. Definimos também os processos, ferramentas e planejamento financeiro para acompanhar o desempenho e identificar as oportunidades de melhoria.

O Octo para o crescimento em rede

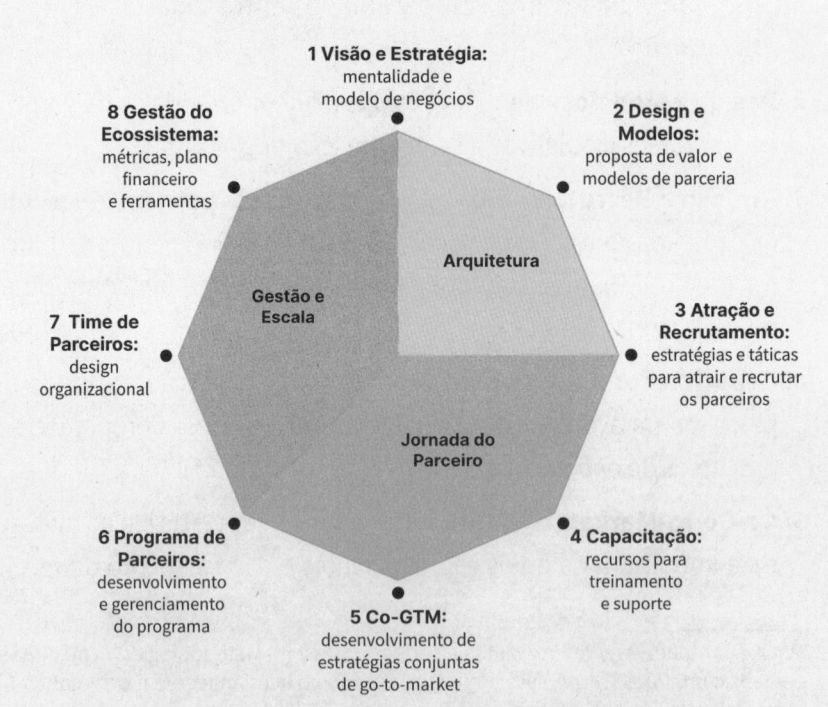

Dispusemos esses oito eixos de modo a formarem um octógono, e essa escolha não foi por acaso. **O Octo, como preferimos chamá-lo, permite que tenhamos uma visão ampla de todos os eixos que as organizações precisam trabalhar na construção dos seus ecossistemas.** Cada ponto é fundamental para um sistema efetivo e equilibrado.

Além disso, como você pode ver na figura anterior, eles estão relacionados a três movimentos tal como organizamos os próximos capítulos.

○ **Arquitetura:** são os eixos estruturantes para mapear como se dará a operação com parceiros e quais são os critérios para dar início a esse modelo de atuação cooperativo;

○ **Jornada do Parceiro:** neste bloco, como o nome já diz, temos as etapas que refletem a jornada na perspectiva do parceiro e garantem o alinhamento e engajamento necessários para executarem seus papéis de acordo com os resultados que os dois lados esperam;

○ **Gestão e Escala:** são as frentes que monitoram o ecossistema ao longo do crescimento da operação e geram as informações que serão convertidas em ações para a sua melhoria.

Esta metodologia tem como grande objetivo mostrar aos empresários e gestores que implementar uma operação via canais exige pensar a relação com parceiros de maneira 360°. Além disso, as organizações terão níveis de maturidade diferentes em cada eixo.

Nós definimos uma escala em 5 níveis de maturidade, sendo: 1- baixa maturidade, ou seja, a empresa ainda não tem nenhum domínio sobre o eixo ou está dando os primeiros passos; e 5- alta maturidade, quando a relação com os parceiros já está bem estabelecida e estão em ciclos de crescimento e melhoria contínua.

Na próxima figura, você verá como os níveis de maturidade são apresentados no Octo, numa marcação de dentro para fora, representando também como esses níveis de maturidade estão interligados à real capacidade da organização de ir para o mercado.

5 níveis de maturidade

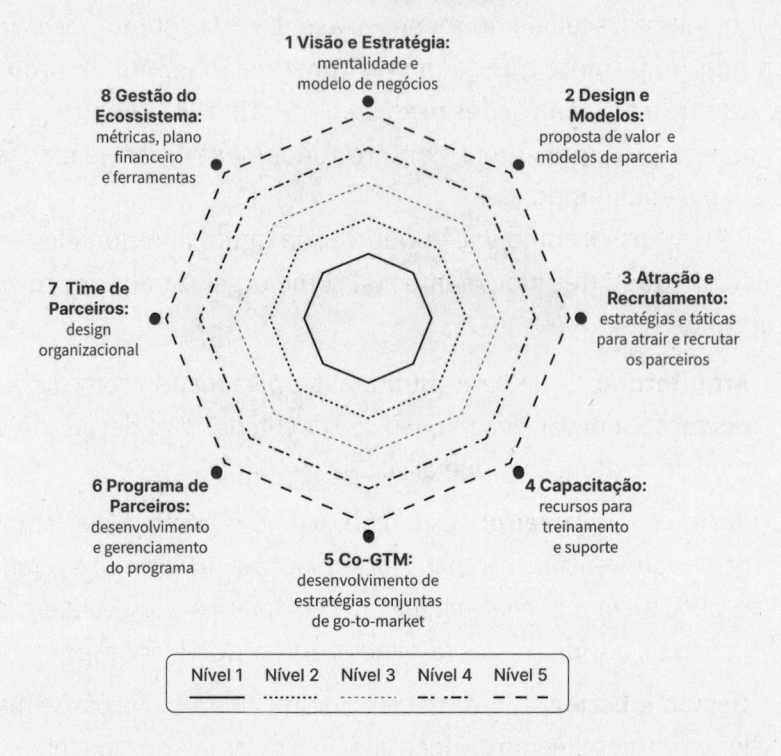

Outra análise importante que a visão em Octo nos traz é entender quais frentes precisam de mais energia e esforço para que a estratégia de ecossistema possa ter mais impacto no mercado. É muito comum que, depois de percorrer cada um dos eixos, muitas organizações se deparem com cenários como o ilustrado nas figuras a seguir.

Exemplos de Octo

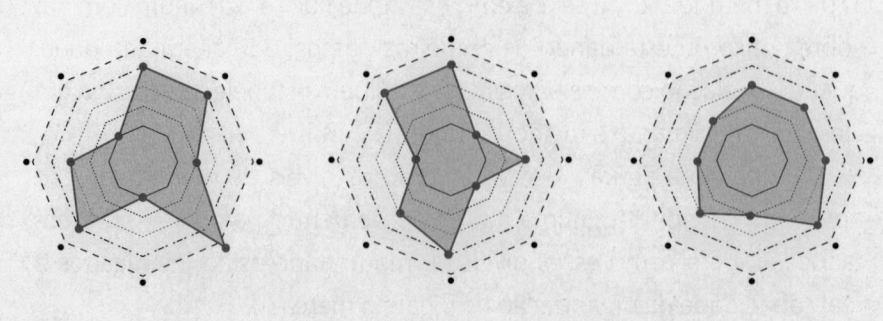

Em situações assim, nosso objetivo é que as lideranças apliquem a metodologia para equilibrar os níveis de maturidade para que o desenvolvimento da frente de parceiros e a implementação da estratégia de aceleração aconteçam com cada vez mais uniformidade na organização. Nesta metodologia, colocamos a fundação do ecossistema como a base para direcionar as decisões estratégicas.

É o crescimento interno e externo em rede, uma metodologia que proporciona clareza das forças e das áreas que precisam de mais atenção para destravar o crescimento dos negócios. **Fica nítido que é responsabilidade de todas as frentes o compromisso em aumentar os níveis de maturidade e assegurar um fluxo de trabalho coeso com as parcerias.**

Uma pesquisa realizada com mais de 400 empresas da América do Norte, Europa e Ásia analisou a diferença no aumento da receita entre as empresas que tinham um programa de parceiros bem desenvolvido *versus* aquelas que permaneciam com abordagens tradicionais. As empresas que atuavam com parceiros com alto nível de maturidade apresentaram resultados consistentes com o crescimento da receita duas vezes mais rápido do que as outras organizações. Em média, os parceiros eram responsáveis por 28% da receita nessas empresas.[*] Um potencial que vale a pena ser perseguido, não é mesmo?

Os próximos capítulos estão estruturados para você entender como elevar o nível de maturidade da sua empresa em relação a cada eixo, com as abordagens mais adequadas para desenvolver as etapas na construção de uma jornada eficiente para o seu ecossistema.

Depois de passar pela apresentação conceitual e a exemplificação prática, você encontrará estudos de casos de empresas que se destacam no eixo em questão e, como encerramento, terá a oportunidade de fazer o exercício de prognóstico do nível de maturidade que a sua organização tem naquele ponto específico. Temos certeza de que esse exercício trará

* SINGSON, Jaime. Research Shows Companies with Mature Partnerships Grow Revenue Nearly 2x Faster. **Impact.com.** Disponível em: https://impact.com/partnerships/research-shows-companies-with-mature-partnerships-grow-revenue-nearly-2x-faster/. Acesso em: ago. 2023.

muitas reflexões e, principalmente, objetividade em relação às oportunidades de melhoria e ganho de eficiência com o que já tem perto de você, no ecossistema que está a poucos passos de liderar.

Você terá, então, um sistema para que todas as ações estejam sincronizadas e adequadas para o objetivo fundamental: melhorar a experiência do cliente e, com isso, potencializar os resultados da sua empresa e dos seus parceiros.

1º Movimento:
Arquitetura

"É um mundo em que nossos valores e prioridades estão sendo constantemente desafiados. É simplista esperar uma única resposta certa. A arquitetura é um pequeno pedaço dessa equação humana, mas para os que, como nós, a praticam, acreditamos em seu potencial para fazer a diferença, para iluminar e enriquecer a experiência humana, para enfrentar as barreiras dos desentendimentos e oferecer um contexto mais bonito para a vida."

FRANK GEHRY
Renomado arquiteto em seu discurso
no Prêmio Pritzker em 1989*

---

* O Prêmio Pritzker é uma das mais importantes premiações internacionais para a Arquitetura. E Frank Gehry o recebeu como reconhecimento para a criação da Walt Disney Concert, em Los Angeles. O discurso completo está disponível em: https://www.pritzkerprize.com/sites/default/files/inline-files/Frank_Gehry_Acceptance_Speech_1989.pdf. (GEHRY, Frank. Cerimony Acceptance Speech. The Hyatt Foundation, 1989. Disponível em: https://www.pritzkerprize.com/sites/default/files/inline-files/Frank_Gehry_Acceptance_Speech_1989.pdf. Acesso em: ago. 2023).

Capítulo 3

Arquitetura
Visão e estratégia

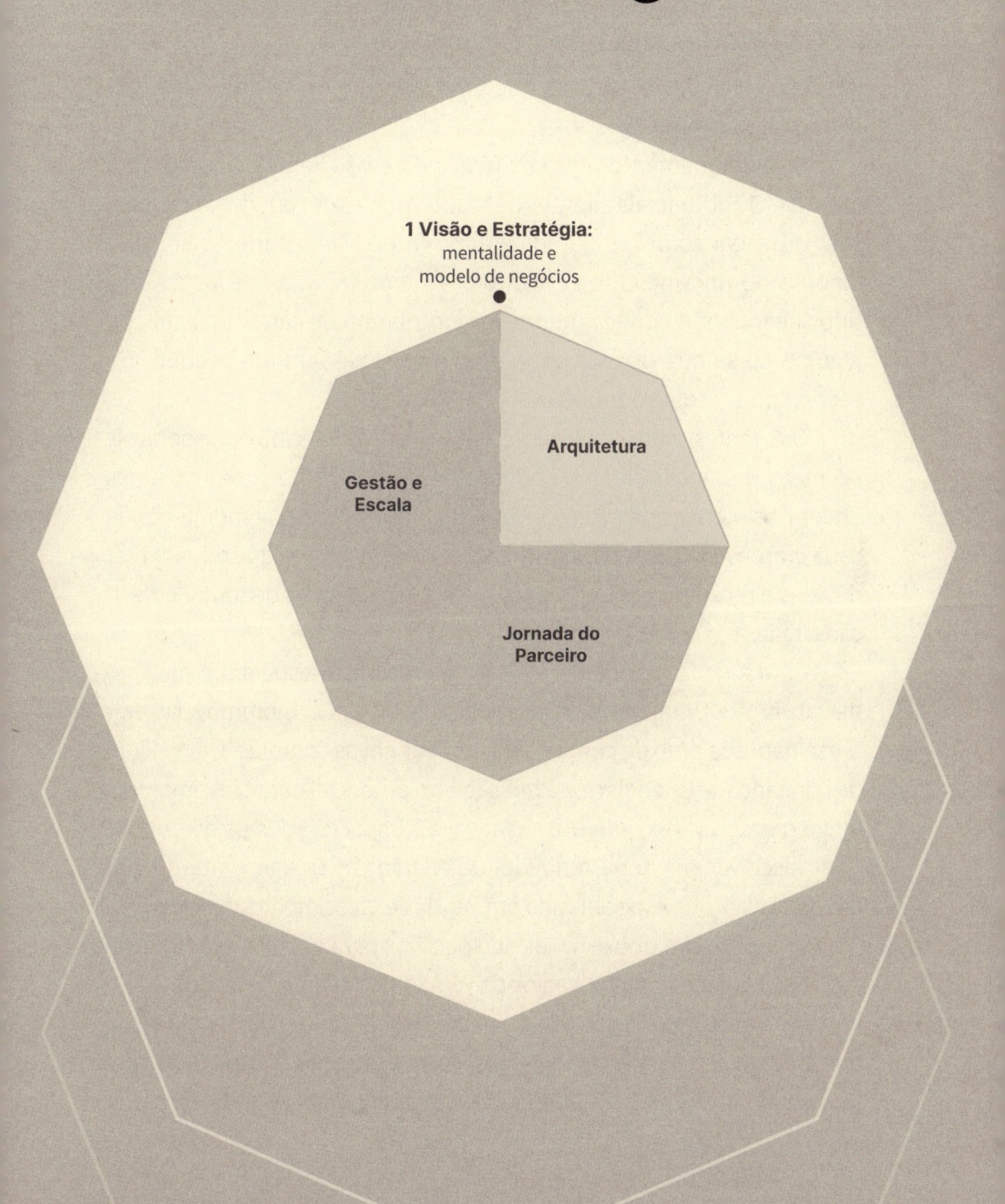

1 Visão e Estratégia:
mentalidade e
modelo de negócios

Arquitetura

**Gestão e
Escala**

**Jornada do
Parceiro**

Antes de pensarmos como será a jornada dos seus parceiros junto à sua organização, precisamos dar um passo para trás e falar sobre a jornada do cliente. Afinal, como já dissemos algumas vezes, os parceiros fazem sentido na medida em que melhoram a jornada e a proposta de valor para o cliente. **O cliente sempre deve ser o centro.**

Por isso, nossa metodologia constrói alternativas para que parceiros atuem de diferentes formas e possamos oferecer uma melhor experiência para o cliente. Mas, para deixar o conceito bem claro, vamos alinhar o que é a jornada.

O relacionamento entre os negócios e os clientes é como uma jornada. Os potenciais clientes descobrem que têm um desafio e passam a buscar soluções que os ajudem a resolver o que os aflige: a compra de uma nova televisão, um sistema para gerenciar os próprios negócios, o conhecimento para mudarem de carreira. Enfim, há alguma coisa que os está atrapalhando e você tem um produto ou serviço que resolve o problema.

Os clientes, então, navegam pelas opções conhecidas e disponíveis no mercado, analisando cuidadosamente os produtos que mais lhes atraem, as ofertas que cada concorrente lhes oferece, o atendimento de cada empresa etc. Eles passam pela fase de seleção, em que podem tirar dúvidas e receber orientação para se sentirem seguros de tomar a decisão e realizar, por fim, a compra.

Com a decisão tomada e a compra realizada, esperam o máximo de satisfação. Uma experiência positiva os incentiva a promover a empresa para sua rede de contatos e a realizar novas compras. Um vínculo de confiança se estabelece e a relação tem potencial para crescimento a longo prazo. Uma experiência negativa, e o impacto é desastroso.

Jacco van der Kooij, fundador da Winning by Design, empresa global de consultoria especializada em vendas e crescimento, desenvolveu um *framework* que trouxe novas perspectivas para o funil de vendas tradicional. Ele redefiniu os estágios da jornada do cliente baseando-se no impacto que a organização pode promover quando efetivamente coloca o cliente no centro. Nesse novo funil, temos uma figura espelhada que se assemelha a uma gravata borboleta ou ampulheta deitada, trazendo

a ideia de progressão conforme nossos consumidores avançam nos estágios de sua jornada.*

Jornada do cliente

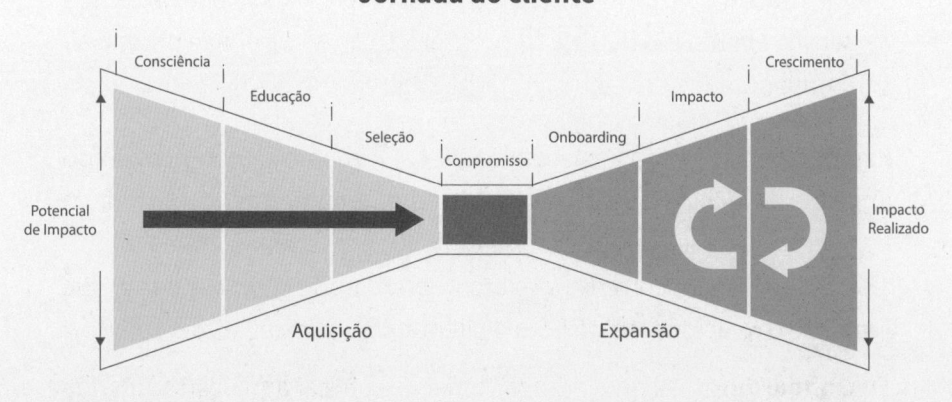

Winning By Design ©

Entenda a jornada do cliente baseada em impacto

Aquisição: neste primeiro bloco, o objetivo é identificar os clientes
ideais para a organização, gerar interesse desses clientes nas soluções
que podemos oferecer, engajá-los conosco até o ponto em que estejam
preparados para assumir um compromisso, ou seja, realizar a compra e
começar a usufruir do nosso produto ou serviço. Em aquisição, temos os
seguintes estágios na jornada do cliente:

○ **Consciência:** o cliente entende que possui um problema e começa a
  pesquisar soluções para sua dor;

○ **Educação:** o cliente começa a consumir conteúdos e intensifica a
  busca por referências e alternativas para solução do seu problema;

○ **Seleção:** o cliente escolhe a melhor alternativa para resolver a
  sua dor;

---

* The Data Model. **Winning by Design**. Disponível em: https://winningbydesign.com/re-
sources/videos/the-data-model/. Acesso em: ago. 2023.

○ **Compra/Compromisso**: é o ponto central do funil, que conecta os dois lados da jornada. É o momento em que o cliente embarca na solução da sua empresa e a primeira transação financeira entre vocês acontece. O que antes era o "fim" de uma jornada, passou a ser visto como o "início de um compromisso recorrente e potencial-mente duradouro".

Expansão: aqui temos os estágios de crescimento e manutenção do impacto, ou seja, a execução de tudo o que foi prometido com foco no sucesso do cliente. O lado direito do funil traz para o jogo a impor-tância da receita recorrente que um negócio pode gerar à medida que fortalece o relacionamento com o cliente. São os estágios de:

○ **Onboarding:** o cliente precisa começar a utilizar a solução adquirida e, para isso, recebe apoio para maximizar o impacto no pós-venda e ter uma percepção de valor mais rápida;

○ **Impacto:** a expectativa foi atingida, a dor inicial solucionada e um bom relacionamento é estabelecido;

○ **Crescimento:** com o sucesso da primeira experiência, o cliente con-trata outras soluções do portfólio e/ou indica a empresa, tornando-se um defensor da marca.

Construir uma rede de parceiros que gere tamanho impacto e valor, só é possível com a preocupação constante em relação às necessidades e oportunidades para apoiar a experiência dos clientes com sua empresa.

Estabelecendo as premissas para iniciar o seu ecossistema

O cliente, portanto, é o ponto de partida da estratégia. Vamos fazer uma análise do seu cliente ideal a partir de perguntas para que você tenha condições de começar a desenvolver o trabalho com em-presas terceiras. Você também pode usar as linhas ao final de cada pergunta para registrar os *insights* que não quer esquecer.

Qual o perfil do seu cliente ideal? Pergunta básica, porém, fundamental para o direcionamento de todo ecossistema. Para esse exercício, vá além de aspectos básicos como idade e formação acadêmica. Inclua, por exemplo, questões geográficas, pois se você deseja expandir seu território de vendas para novas áreas ou países, uma estratégia de canal pode ser uma forma de diminuição de risco e escala em novos locais mais rapidamente. Além disso, pense sobre o comportamento desse cliente: valores, causas que apoia, o que consome no dia a dia para além do que se relaciona unicamente ao seu segmento de atuação.

_____

_____

_____

Qual a sua missão como empresa e qual sua proposta de valor para os clientes? A maioria das empresas luta com essa questão porque se concentra em si mesma e não nos outros. Por que sua empresa existe e como seus clientes percebem a sua proposta de valor? Qual o grande benefício que você gera para aqueles que consomem de você?

_____

_____

_____

Como você se diferencia no mercado? Existem concorrentes diretos? E quais os principais concorrentes indiretos? Entender as vantagens competitivas que destacam a sua solução trará atratividade para o parceiro. E se não tiver segurança sobre os diferenciais, dificilmente conseguirá construir uma rede relevante.

_____

_____

_____

Existe uma versão inicial da solução já consolidada? Sabemos que o desenvolvimento de produtos e ofertas é constante. Para iniciar a construção de um ecossistema, não é necessário ter uma versão específica da solução desenhada para parceiros; essas demandas acontecerão de forma orgânica. Contudo, ter uma validação inicial da visão do produto, conjunto de funcionalidades e precificação é importante para trazer credibilidade e evitar mudanças de rota muito bruscas no produto e gerar um retrabalho de treinamento, gestão de clientes etc.

_____

_____

_____

Sua solução requer instalação, adoção, treinamento e/ou suporte? O importante aqui é pensar em diferentes partes da operação: desde o momento da aquisição de clientes até a entrega de sucesso para o cliente. Quanto mais complexa for a solução, mais possibilidades de modelos que irão compor o ecossistema você tem.

_____

_____

_____

Quais são os recursos que você não tem dentro de casa, mas fazem sentido para uma jornada mais eficiente para seu cliente? Reflita sobre as melhorias de experiência que aumentariam a percepção de valor do seu cliente em relação aos seus produtos e serviços. Como potenciais parceiros poderiam complementar sua proposta de valor?

_____

_____

_____

Se você não tivesse qualquer limitação e pudesse implementar uma única coisa no seu negócio que fosse fazê-lo dar um salto exponencial de faturamento, o que seria? Esta resposta poderá ajudar você a definir quais seriam os primeiros parceiros a prospectar.

_____

_____

_____

A jornada na perspectiva do parceiro

Nenhuma empresa pode controlar sozinha toda a pilha de soluções (produtos e serviços) de um cliente! E nenhuma empresa consegue atingir de forma realista todo seu mercado endereçável.

Similar à jornada do cliente, o seu parceiro também passa por uma jornada de experiência desde o início da interação com a sua empresa até o relacionamento recorrente, ou final do relacionamento. Esta jornada pode incluir atividades como a prospecção, a negociação de termos e condições, a execução de atividades conjuntas, a identificação de parceiros, o desenvolvimento de soluções, a implementação e suporte contínuo, a avaliação e renovação do relacionamento etc.

Entendendo isso, percebemos que precisávamos considerar **a jornada na perspectiva do parceiro como *framework* de sustentação e parte essencial que compõe a metodologia Octo.** E o *framework* de jornada do cliente serviu de inspiração para que também visualizássemos o Octo como uma estrutura contínua – dado que uma jornada acontece em *looping*, novas dores surgem e você poderá oferecer novas soluções. Trabalhar com parceiros exige que, como orquestradores do ecossistema, elaboremos como eles tomarão consciência do programa que a nossa empresa oferece, quais as dores que o programa solucionará para o negócio deles, quais serão as etapas de análise e decisão de se juntar ao programa e, uma vez que tomam a decisão de se juntar ao ecossistema, como se dará as etapas de crescimento mútuo.

Mapear a jornada de clientes e parceiros de negócios ajuda as empresas a entenderem como melhorar a colaboração e otimizar a experiência dessas empresas, e é parte essencial na construção do seu ecossistema. O *framework* a seguir representa a perspectiva do parceiro em todas as etapas, desde a adesão até a evolução no seu programa – e vamos usá-lo novamente em próximos capítulos.

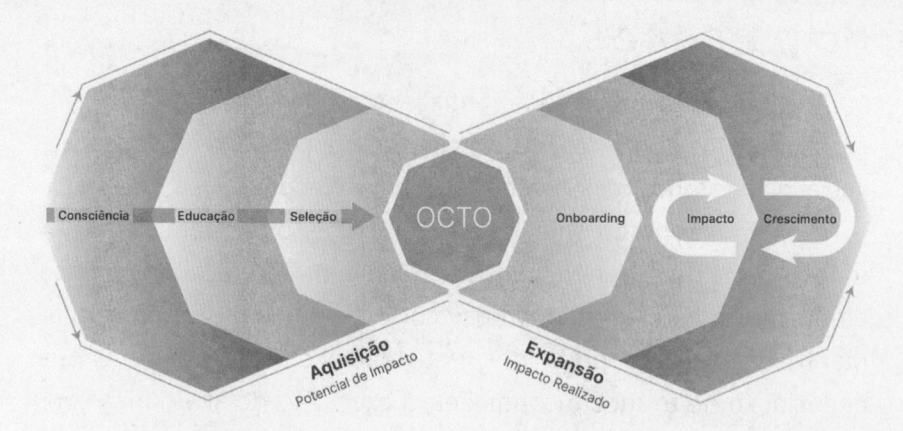

Análoga à jornada do cliente, a jornada do parceiro é a evolução da empresa ao longo da parceria. Em um exercício de jornada, mapeamos cada ponto de contato que a empresa tem com seu parceiro desde o primeiro momento até a formalização da parceria, se estendendo também para o relacionamento contínuo.

A jornada conta toda a história na perspectiva do parceiro, desde a fase em que ele identifica a necessidade de participar de um ecossistema, passando pelo processo de busca da informação, avaliação, comparação, finalizando com a entrada no programa e o crescimento em conjunto. Vamos entender cada marco.

Aquisição

○ **Consciência:** o canal não entende muito bem o seu problema e sua empresa deve ajudá-lo a descobrir:
  • Como pode aumentar a receita ou gerar recorrência?
  • Como pode aumentar a produtividade da minha equipe?
  • Como pode melhorar a experiência do cliente final?
  • Como pode ampliar o portfólio de ofertas?
  • Como pode aprender ou trocar mais com pares?

○ **Educação:** seus potenciais parceiros já estão cientes do problema e passam a buscar aprofundamentos e soluções. Uma das soluções possíveis é participar de um programa de parcerias ou um ecossistema que amplie a possibilidade de geração de negócios.

○ **Seleção:** os potenciais parceiros analisam as soluções disponíveis. Quais são as empresas que possuem um programa de canais atrativo? Qual é a dedicação necessária para poder ingressar (tempo, investimento, entre outros)?

Depois da Seleção, temos a decisão de ingresso no programa, que é representado pelo ponto central da jornada e marca a transição do relacionamento.

Expansão

○ **Onboarding:** o parceiro começa a ver valor no programa e, em vez de apenas realizar integrações ou apresentar treinamentos, **considere esta uma etapa para que o parceiro possa concluir um primeiro ciclo completo do que será esperado dele mais adiante.** Esse momento é uma oportunidade de orquestrar todo o relacionamento daqui para frente. Oriente como a parceria se desenvolverá, estabeleça marcos de sucesso e garanta que o relacionamento dessa fase seja configurado para **fornecer um impacto real aos negócios** do parceiro. Isso é tão importante que aprofundaremos nesse tema mais para frente.

Por exemplo, se é um parceiro VAR, o *onboarding* deve ser considerado finalizado depois da ativação do primeiro cliente e não apenas após o consumo de determinado volume de treinamentos;

○ **Impacto:** o parceiro enxergou os primeiros resultados e viu a resolução dos problemas que estava buscando (e que foi prometido como valor no programa), por isso a geração de negócios em conjuntos passa a ser recorrente e as ações de GTM são aceleradas. Seja com a indicação de oportunidades, na prestação de serviços para o cliente, na revenda da solução etc. Assim como nas jornadas de clientes de mais sucesso, a entrega da promessa, a solução de uma dor específica e clara se transformam em um "vento a favor" para todos os demais estágios da jornada do parceiro. Momentos

52

de sucesso se tornam uma moeda em que o parceiro sempre volta e se reengaja para mais);

- O **Crescimento:** a participação no ecossistema tornou-se parte fundamental da estratégia de crescimento do parceiro. Novas ofertas conjuntas podem ser trabalhadas, além de diferentes modelos de parceria. Como parte do relacionamento e sinergia, o parceiro também recebe incentivos diferenciados.

Primeiro, conheça o cliente. Depois, traga os parceiros

Quando trazemos parceiros e criamos um programa de canais, pode haver uma economia significativa se comparada ao processo de recrutar, contratar e remunerar a própria força de vendas, mas isso não quer dizer que a jornada do parceiro não exigirá investimentos de tempo, esforço e recursos do seu lado também. **Por isso, se a sua empresa está em um estágio em que a urgência por gerar receita rápida é alta, pode ser mais sensato manter as vendas diretas até sentir que tem fôlego financeiro para investir em uma estratégia de parceiros.**

Se o seu produto ainda está em fase inicial de desenvolvimento, talvez não queira se colocar na posição de ter parceiros entre você e seus usuários finais. Isso porque, na fase de validação do produto, obter *feedback* rápido, honesto e preciso do cliente final é fundamental para ajudá-lo a avaliar e analisar o que está funcionando e o que não está na sua solução.

Antes de trazer parceiros, você deve ter certeza de que tem uma compreensão sólida do seu processo de vendas: a jornada do cliente, os estágios e a duração do ciclo de vendas, os gatilhos de compra, as partes interessadas e assim por diante. Você precisa conhecer cada detalhe por dentro e por fora para que possa capacitar com propriedade o ecossistema que vai construir. **Afinal, quem não sabe fazer, não poderá ensinar os outros a fazerem.**

Por isso, é importante entender a maturidade da operação que já existe antes.

Arquitetura

○ A operação primária já está estruturada?

○ As metas estão sendo atingidas com consistência?

○ Existe um processo definido e validado? (Desde as etapas do funil, gatilhos e principais objeções até os marcos definidos da jornada do cliente e os pontos que asseguram o sucesso e a satisfação do cliente?).

Para fechar este capítulo reforçamos que criar relações cooperativas e de alto valor com parceiros demanda que os objetivos compartilhados estejam claros, ou seja, você tem um porquê definido para implementar essa nova estratégia. Você sabe como:

1. O parceiro muda ou transforma seu negócio com o resultado do que a sua empresa faz;

2. A sua solução se enquadra no mundo do parceiro e gera valor para ele. Na maior parte dos casos, estamos falando de negócios já existentes e dificilmente o fornecedor será a prioridade no primeiro momento, por isso soluções que gerem valor mutuamente são fundamentais para que os parceiros se engajem. (Atenção! Este ponto é importante. Vemos empresas insistindo em impor um modelo de trabalho ao potencial parceiro de forma que ele se adeque ao modelo da parceria; isso invariavelmente falha. O ideal é que você identifique parceiros que se adequem ao seu modelo, e não vice-versa. Mesmo quando está construindo uma categoria, deve começar com parceiros que se adequem ao modelo proposto e evoluam seu negócio a partir daí);

3. A sua solução faz a vida do parceiro ser mais fácil – também a vida do cliente dele.

Prognóstico de maturidade: visão e estratégia

Antes de seguir, avalie o nível de maturidade do eixo, de 1 (baixa) a 5 (alta).

Componente	Nível de maturidade 1 ... 5		Como avalia sua organização e como poderiam melhorar:
Modelo mental e cultura de ecossistema	As fricções entre times internos e parceiros ainda são muito evidentes. Não há apoio transversal na organização para o fortalecimento da cultura de ecossistema para parcerias ganha-ganha.	Toda a organização já compartilha desse novo modelo mental. Os parceiros são priorizados em todas as áreas, desde C-level até a base operacional.	
Visão de modelo de ecossistema	O grupo que trabalha com parceiros reconhece a importância dessa frente, mas o modelo vigente ainda acontece de maneira orgânica, sem processos e parâmetros de resultado bem definidos.	O plano de crescimento da empresa contempla ecossistema como parte central da estratégia do negócio; eventualmente há mais de um tipo de parceiro incorporado nessa visão de crescimento.	
Ciclo de aceleração via parceiros	O engajamento de parceiros está em fase de experimentação: oportunidade mapeada, ofertas acordadas e sendo testadas no mercado.	A empresa já tem um ciclo de crescimento conjunto acelerado, focado em resolver problemas de negócios e gerar impacto de valor para o cliente em comum.	

Agora, faça o cálculo de média aritmética simples neste eixo. Some todos os valores e divida pelo número de questões.

Score final:

Construa seu Octo online:

Capítulo 4

Arquitetura
Design e modelos

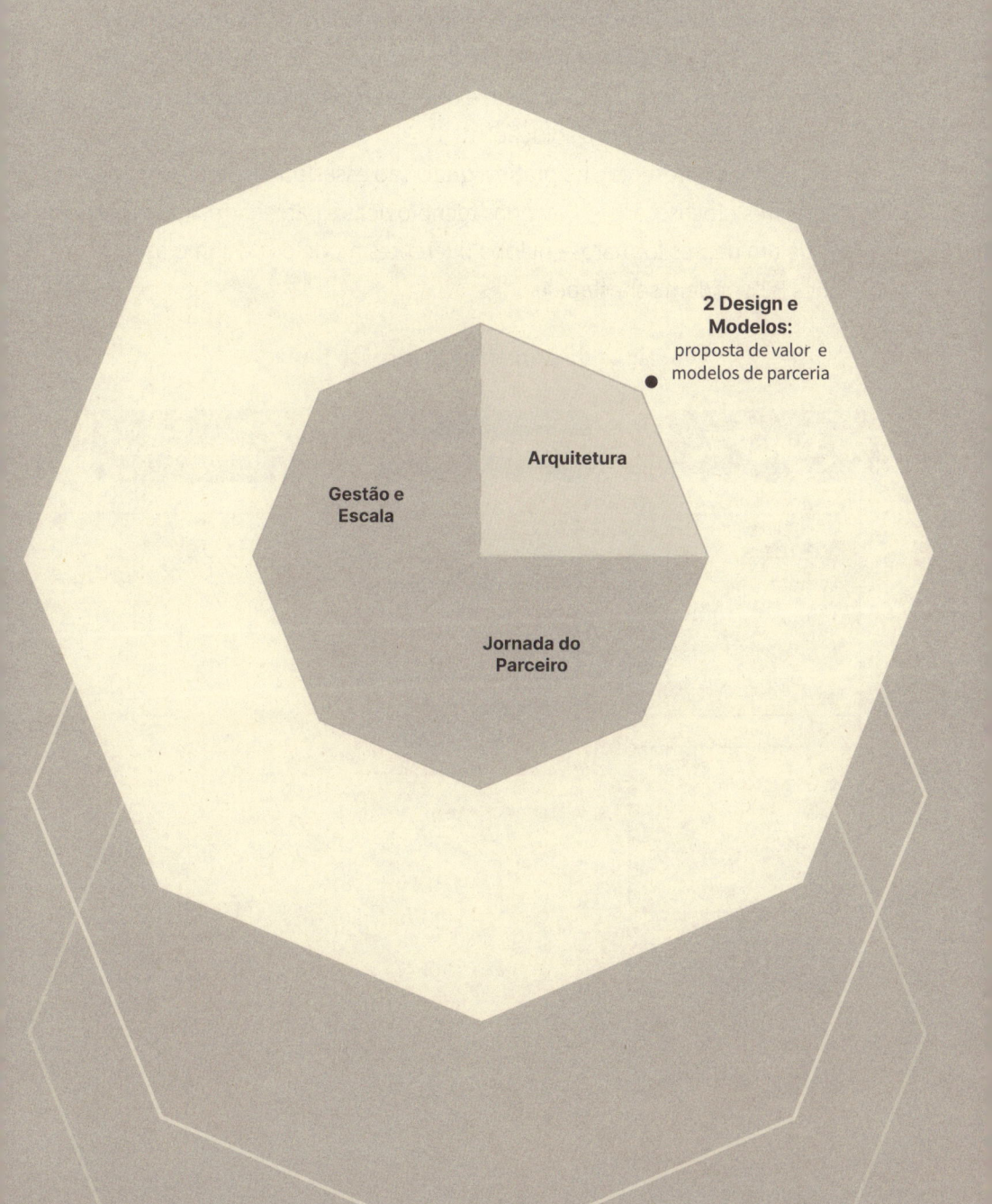

2 Design e
Modelos:
proposta de valor e
modelos de parceria

Arquitetura

Gestão e
Escala

Jornada do
Parceiro

A partir do momento que você já tem o seu cliente ideal mapeado e a clareza de como os parceiros podem fortalecer sua proposta de valor, passamos para a etapa de análise dos modelos e formatos em que essas parcerias podem acontecer.

Conforme dito anteriormente, **um ecossistema pode ser descrito como toda a rede de negócios engajada de forma ativa em parcerias com pelo menos outra empresa.** Pode ser uma combinação de diversos modelos que orbitam seu negócio e que geram mais valor para os clientes e mais clientes para a solução.

Vamos apresentar, na prática, quais são essas possibilidades a partir de três blocos: canais, parcerias tecnológicas e parcerias estratégicas. Cada um desses formatos engloba diferentes modelos de como as relações B2B podem ser estabelecidas.

Tipos de parceiros no ecossistema

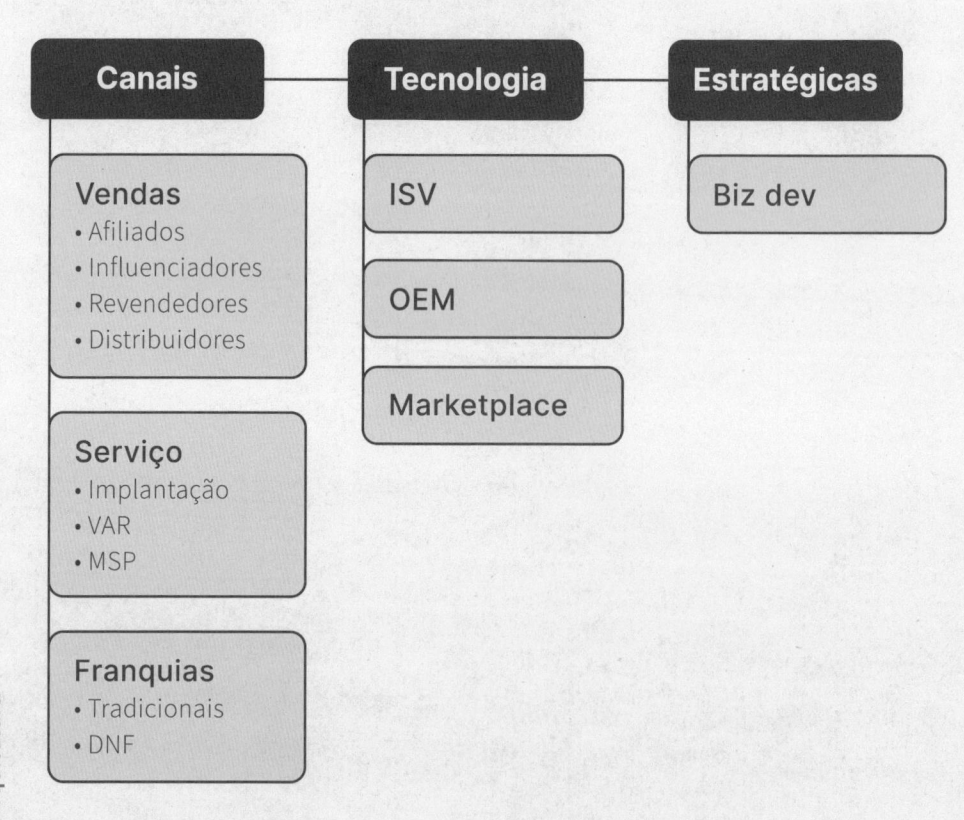

Canais

Vendas
• Afiliados
• Influenciadores
• Revendedores
• Distribuidores

Serviço
• Implantação
• VAR
• MSP

Franquias
• Tradicionais
• DNF

Tecnologia

ISV

OEM

Marketplace

Estratégicas

Biz dev

Canais

As parcerias de canais incluem revendedores, afiliados, revendedores de valor agregado (VARs), implementadores e franquias (tradicionais ou digitais). São parcerias que ajudam a vender e a fornecer suporte ao cliente como representantes autorizados da sua empresa e produto.

Afiliados (finders)

Os afiliados, também conhecidos como *finders,* identificam clientes em potencial (em marketing, os *leads*) e os direciona para o fornecedor, geralmente em troca de comissionamento. É uma relação transacional.

O **Objetivo:** geração de oportunidades comerciais e/ou melhores taxas de conversão entre as etapas da jornada do cliente;

O **Perfil do parceiro**: tem acesso à audiência que você busca impactar, seja por influência direta ou por estar conectado a uma rede de relacionamento;

O **Não fazer quando:** já existe excedente de demanda para o seu time comercial, pois isso gerará ruptura no atendimento ao cliente.

Na prática: Hotmart

A Hotmart, hoje considerada a maior plataforma de ensino a distância da América Latina, oferece uma estrutura para que os criadores de conteúdo usem os programas de afiliados para aumentar as vendas. Como muitos dos especialistas lançam seus cursos online sem ter uma grande estrutura interna, os programas de afiliados são interessantes para que aumentem sua força comercial.[*]

Ao se cadastrarem na plataforma, os afiliados recebem inúmeros conteúdos de suporte, além de convites para campanhas especiais. É uma maneira de fazer todo o ecossistema crescer:

---

* HOTMART. Hotmart, c2011. Afiliados. Disponível em: https://hotmart.com/pt-br/afiliados. Acesso em: ago. 2023.

A Hotmart se fortalece como a plataforma ideal para toda a comunidade de infoprodutos, entre especialistas, profissionais de marketing digital e alunos que buscam flexibilidade no aprendizado;

Produtores de conteúdo encontram uma ferramenta completa para distribuir seus materiais e acessam parceiros que poderão apoiá-los em troca de comissionamento;

Afiliados acessam um grande portfólio de produtos e têm autonomia para escolher aqueles que fazem mais sentido para sua estratégia e audiência.

Influenciadores

Um influenciador, por definição, é um indivíduo que tem a capacidade de influenciar as opiniões, comportamentos ou decisões de compra de um público ou seguidores dentro de um nicho ou setor específico. Aqui estamos falando de pessoas físicas. Os influenciadores, atualmente, atuam, em sua maioria, em plataformas de mídia social, blogs ou outros canais digitais nos quais compartilham conteúdo relacionado às suas áreas de especialização ou interesses. Mas há ainda aqueles que, mesmo sem uma audiência ou um posicionamento aberto, tem participação e influência em situações específicas, seja por relacionamento ou capacidade técnica.

O **Objetivo:** geração de oportunidades comerciais e/ou melhores taxas de conversão entre as etapas da jornada do cliente;

O **Perfil do parceiro**: tem acesso à audiência que você busca impactar, seja por influência direta ou por estar conectado a uma rede de relacionamento;

O **Não fazer quando:** já existe excedente de demanda para o seu time comercial, pois isso gerará ruptura no atendimento ao cliente.

Revendedores (resellers)

Trata-se de parceiros que compram ou representam produtos de um fornecedor e os revendem aos clientes. Os revendedores são responsáveis por todo o processo de efetivação da venda e entrega do produto final, são como intermediadores entre a empresa que desenvolve o produto e o público-alvo.

- ○ **Objetivo:** fechamento de novos negócios e/ou aproveitamento de presença regional;
- ○ **Perfil do parceiro:** têm soluções correlatas ao produto ou conhecimento do mercado, habilidade de vendas e/ou carteira de clientes estabelecida;
- ○ **Não fazer quando:** a solução é muito complexa e exige prova de conceito, pré-vendas técnico ou existe um gargalo em pós-vendas.

Na prática: Natura

A quarta maior empresa do mercado de beleza do mundo é um ótimo exemplo para falarmos do modelo de revendedores. Raras são as pessoas que não sabem o que é comprar produtos Natura a partir de um catálogo apresentado por alguma revendedora cujo título na organização é consultora de beleza.

Esse formato de venda direta passou por um processo de digitalização acelerado quando as consultoras começaram a realizar seus atendimentos de maneira online. Com a nova modalidade, a cobrança do pagamento e entrega dos produtos para os clientes finais, que antes eram feitas pelas consultoras, passaram a ser realizadas pela Natura.

O modelo de revenda costuma ser muito eficiente pela relação que as consultoras estabelecem com sua rede de contatos (um exemplo de *social selling*). Numa entrevista, o CTO da Natura, Luciano Abrantes, disse que enxerga a empresa como "um negócio de plataforma, por meio da qual geramos valor para a rede de consultoras, com todos os serviços, produtos e conteúdos e os valores que a marca carrega"*. Uma demonstração clara –

---

* SALOMÃO, Cintia. Do porta a porta para as plataformas de consultoria digital, Natura dá um salto nas vendas e recupera o ano de 2020. Case Studies, 2021. Disponível em: https://casestudies.insightnet.com.br/do-porta-a-porta-para-as-plataformas-de-consultoria-digital-natura-da-um-salto-nas-vendas-e-recupera-o-ano-de-2020/. Acesso em: ago. 2023.

em linha com tudo o que temos visto até aqui – da importância de pensar a jornada do parceiro para que os resultados positivos possam aparecer.

Distribuidores

Assim como as revendas, os distribuidores atuam no processo comercial, seja na participação da venda e/ou na entrega quando falamos de soluções físicas. Os distribuidores têm papel logístico fundamental para ampliar a capilaridade da empresa, podendo ser, inclusive, um parceiro de outras revendas. Eles cuidam da logística, do transporte e, às vezes, também da cobrança e instalação dos produtos do fabricante até os revendedores ou clientes. Isso inclui o gerenciamento de remessa, armazenamento e estoque.

Alguns distribuidores oferecem serviços de valor agregado aos revendedores, como processamento de pedidos, embalagem, etiquetagem, suporte técnico e serviços financeiros que podem simplificar as operações do revendedor e aprimorar a experiência geral do cliente.

O **Objetivo:** ampliar capilaridade e eficiência logística;

O **Perfil do parceiro:** rede de distribuição local, tem soluções correlatas ao produto ou conhecimento do mercado, habilidade de vendas e/ou carteira de clientes estabelecida;

O **Não fazer quando:** a solução não tem produtos físicos.

Revendedores de valor agregado (VARs)

Um parceiro que agrega valor aos produtos ou serviços de um fornecedor, agrupando-os com as próprias ofertas ou personalizando-os para necessidades específicas do cliente.

O **Objetivo:** aumento da capilaridade da empresa, prover aos clientes uma camada de serviços que gere mais sucesso e contribuição para a evolução do produto;

O **Perfil do parceiro:** possui conhecimento técnico da solução, capacidade de vendas e atendimento e modelo de negócio complementar ao da sua empresa;

○ **Não fazer quando:** seu produto ou serviço é uma solução transacional, que não permite personalização.

Na prática: Pipefy

A Pipefy oferece uma plataforma de gerenciamento de projetos e automação de fluxos de trabalho com um *software low-code*, ou seja, de baixa necessidade de programação, mas que entrega flexibilidade para que os times técnicos adaptem o sistema para os fluxos ideais da empresa que contrata a solução.

O modelo de VAR da Pipefy é uma abordagem estratégica que envolve a colaboração com parceiros para expandir a distribuição e o alcance de sua plataforma e complementar suas ofertas com parceiros que possuem expertise em setores ou regiões geográficas específicos. Os parceiros utilizam sua rede de relacionamento e estratégias de prospecção e incluem a plataforma da Pipefy nos próprios serviços, aprimorando uma proposta de valor para os clientes que terão acesso a mais tecnologia, eficiência e produtividade nos processos e resultados.

Em troca, os parceiros se beneficiam com produtividade ao incorporar uma ferramenta robusta e escalável de gerenciamento de fluxo de trabalho em seu portfólio. Além disso, a Pipefy oferece incentivos como comissionamento, certificações, indicação de negócios, capacitação, entre outros benefícios, para o parceiro evoluir em sua jornada.[*]

Implementadores

São os parceiros que oferecem serviços a seus clientes e os ajudam a utilizar os produtos com mais efetividade, melhorando as taxas de retenção e satisfação.

---

[*] PIPEFY. Pipefy, c2015. Parceiros. Disponível em: https://www.pipefy.com/pt-br/parceiros/. Acesso em: ago. 2023.

○ **Objetivo:** melhoria da adoção do seu produto, diminuição da complexidade da solução e aumento da escala no pós-vendas;

○ **Perfil do parceiro:** possui conhecimento técnico da sua solução;

○ **Não fazer quando:** sua empresa oferece uma solução de simples implementação.

Na prática: Zendesk

A Zendesk oferece uma plataforma para o serviço de atendimento ao cliente com diversos produtos, como *bots*, telefonia, CRM (plataforma para gestão de relacionamento com o cliente), suporte e um *marketplace* com diversos aplicativos e integrações, além de parceiros em diversos modelos que compõem um vasto ecossistema.

Dada a complexidade de algumas de suas soluções e a franca expansão da empresa em mercados que também carecem de uma proximidade maior com o cliente, a Zendesk tem parceiros de implementação espalhados pelo mundo. O papel deles é implementar, operacionalizar e customizar a plataforma via APIs (*Application Programming Interface,* em português Interface de Programação de Aplicação*), aplicativos e SDKs (*Software Development Kits,* conjunto de ferramentas para desenvolvimento de aplicativos que poderão ser integrados ao sistema principal), para garantir que os clientes entrantes nas soluções terão uma ativação mais rápida, com mais qualidade e, por consequência, maiores resultados, sem exigir uma estrutura de serviço tão robusta para o time interno de Sucesso do Cliente.**

* A API é um mecanismo que permite que duas aplicações (dois softwares) se comuniquem e troquem informações entre si. As APIs permitem integrações que melhoram a experiência dos usuários de uma determinada ferramenta de acordo com o modelo de negócio e as estratégias da empresa que está oferecendo seus serviços.

** ZENDESK. Zendesk, c2023. Programa de parceiros. Disponível em: https://www.zendesk.com.br/partner. Acesso em: ago. 2023.

Franquias

As franquias também configuram como um modelo de crescimento via parceria com outras empresas. São negócios baseados na replicação de unidades, nas quais o dono da marca terceiriza a gestão das unidades e recebe, em geral, uma remuneração por meio de *royalties*. Em contrapartida, oferece suporte, capacitação e incentivos de marketing.

A empresa franqueadora cede o direito de uso de marca, processos, sistemas e métodos permitindo que o franqueado opere as unidades que adquirir implementando o *know-how* da franqueadora. É um modelo regulado pela Lei Nº 13.966/19, que apresenta as regras da Circular Oferta de Franquia (COF), entre outras regulações do mercado. Não entraremos a fundo nesse modelo específico, pois o tema exigiria um livro à parte. São inúmeros os exemplos de franquias nas mais diferentes indústrias que podemos mencionar: Cacau Show, O Boticário, McDonald's, ABC da Construção, entre outros.

Digitally Native Franchises (DNFs)

Baseado no modelo de franquias tradicionais, alguns negócios têm adotado o posicionamento de DNFs que, conceitualmente, são franquias que já nascem digitalmente. Apesar de terem uma prática operacional semelhante, existem algumas diferenças:

○ **Automação de marketing:** mesmo podendo existir uma geração de demanda por parte dos franqueadores, os DNFs adquirem clientes de forma online com boas práticas de marketing digital;

○ **Plataforma unificada:** mais do que integração de sistemas, a unificação de todos os fluxos de trabalho em um só lugar permite melhor cumprimento dos padrões e possibilidade de visualização, compartilhamento e implementação de boas práticas da rede;

○ **Comunidade:** as DNFs oferecem suporte e orientações para o sucesso do franqueado, criando uma rede de troca. O negócio que já é pensado desde o princípio para operar dessa forma tende a ter bem mais sucesso na construção da visão de rede.

Na prática: Code Ninjas

Code Ninjas é uma DNF fundada em 2016, que ensina programação de maneira interativa para crianças de 7 a 14 anos. A franquia oferece um currículo abrangente de aprendizado online que permite flexibilidade para uma experiência individualizada dos alunos, que são estimulados também com um modelo de aprendizado gamificado com desafios e competições virtuais com foco em colaboração e demonstração das habilidades que desenvolveram.

Os Code Ninjas operam virtualmente e por meio de "dojos" físicos, que são operados e administrados pelos franqueados. Instrutores treinados atuam como mentores, orientando os alunos na jornada de codificação e fornecendo suporte personalizado. O modelo escalável da franquia permitiu uma rápida expansão, com centenas de locais em todo o mundo.

Os franqueados têm a oportunidade de entrar no setor de educação e programação com todo o suporte e os recursos fornecidos pelo modelo de negócios validado da Code Ninjas. *

Parcerias Tecnológicas

As parcerias tecnológicas envolvem a troca de dados entre produtos e empresas. Os parceiros de tecnologia se unem para desenvolver integrações e serviços que ajudem seus clientes a usarem seus produtos combinados e com mais eficiência.

As integrações podem ajudar os clientes a criarem novos fluxos de trabalho, acionar eventos, extrair e enviar dados para várias ferramentas em suas pilhas de tecnologia e tomar melhores decisões de negócios, colocando dados em camadas e conduzindo análises granulares. Tudo isso normalmente é alimentado por APIs.

Arquitetura

---

* CODENINJAS. Codeninjas, c2023. Página inicial. Disponível em: https://connect.code-ninjas.com/franchising/home. Acesso em: ago. 2023.

Nesses casos de integração entre dois produtos de tecnologia, ter APIs, preferencialmente documentadas, facilitará bastante o processo. Isso porque os maiores desafios de parceiros de tecnologia estão relacionados a demandas customizadas e, por consequência, esforço da equipe de produto. Ao tornar essa possibilidade mais *self-service*, você diminui a fricção da entrada de novos parceiros, expandindo as possibilidades.

Os modelos mais comuns de parcerias tecnológicas são por ISV (*Independent Software Vendor*, em português Fornecedor Independente de Software) e OEM (*Original Equipment Manufacturer,* em português Fabricante Original de Equipamento), ambos explicados a seguir.

ISV – Independent Software Vendor ou Fornecedor Independente de Software

Parceiro que desenvolve e vende aplicativos de software compatíveis com os produtos ou serviços de um fornecedor. Um programa para ISV geralmente oferece uma combinação de suporte técnico e de marketing para um fabricante de software. Um provedor de plataforma também pode oferecer aos parceiros ISV um selo de aprovação por meio de programas de certificação e validação.

○ **Objetivo:** melhoria da experiência dos clientes por meio de incremento no produto;

○ **Perfil do parceiro:** tem alto conhecimento técnico e produto complementar ao da sua empresa;

○ **Não fazer quando:** sua empresa ainda tem baixa maturidade em relação ao produto a ser ofertado.

Na prática: AWS

O modelo de parceria ISV da AWS (*Amazon Web Services)* é uma colaboração estratégica que permite que os parceiros integrem e ofereçam soluções de software na plataforma de nuvem, que tem mais de

200 serviços em banco de dados para empresas. Como um dos principais provedores de serviços de nuvem, a AWS oferece uma ampla gama de serviços e recursos que permitem que os ISVs desenvolvam, entreguem e dimensionem seus aplicativos de forma rápida e eficiente.

Por meio dessa parceria, os ISVs podem aproveitar a infraestrutura escalável e segura da AWS para atender a clientes em todo o mundo. Além disso, a AWS fornece suporte técnico e recursos de marketing para ajudar os parceiros a promoverem e venderem soluções no mercado. Essa colaboração beneficia tanto a AWS, ao enriquecer seu ecossistema com uma variedade de aplicativos inovadores, quanto aos ISVs, que obtêm acesso a uma plataforma de nuvem líder e uma base global de clientes em potencial.[*]

OEM – Original Equipment Manufacturer ou Fabricantes de Equipamentos Originais

Um parceiro que integra os produtos ou serviços de um fornecedor nas próprias soluções e os vende de maneira customizada, adicionando uma funcionalidade específica que eles não teriam de outra forma. O usuário final pode não ver nenhuma evidência do parceiro OEM, mas está usando sua tecnologia.

Os parceiros OEM podem ajudar a preencher uma lacuna no software de uma empresa de tecnologia e fornecer funcionalidades customizadas e *white-label* para atender requisitos específicos. É possível permitir que as empresas projetem e integrem seu software sem depender de desenvolvedores ou outros profissionais de tecnologia. Ou seja, a empresa consegue uma alta customização e diferenciação para sua solução, sem ter um incremento de custos na mesma proporção.

○ **Objetivo:** melhoria da experiência dos clientes por meio de incremento no produto;

○ **Perfil do parceiro:** possui alto conhecimento técnico e produto complementar ao da sua empresa;

---

[*] AWS. Amazon, c2023. AWS ISV Accelerate. Disponível em: https://aws.amazon.com/pt/partners/programs/isv-accelerate/. Acesso em: ago. 2023.

○ **Não fazer quando:** sua empresa ainda tem baixa maturidade em relação ao produto a ser ofertado.

Esse tipo de parceria é um modelo que invariavelmente envolve tecnologia, mas pode ser estabelecida de duas formas:

○ **Entre softwares:** duas empresas de software fazem uma integração nos moldes acima descritos, como é o caso da ServiceNow, empresa norte-americana que oferece soluções para gestão de fluxos de trabalho e dados com o objetivo de ajudar as empresas a digitalizarem todos os seus processos. Um parceiro OEM é um canal de entrega para uma solução criada na plataforma da ServiceNow de maneira customizada, que pode incluir funcionalidades do próprio software ou operar de forma *white-label*, mas será responsável também por todo atendimento e suporte do cliente final;[*]

○ **Entre hardware e software:** uma empresa de hardware faz parceria com um software de modo que constroem uma solução única, que não poderá ser adquirida de maneira individual (apenas o software ou apenas o hardware) - exemplificado a seguir.

Na prática: Dell

O modelo de parceria OEM da Dell é uma abordagem estratégica que aproveita a colaboração com OEM para expandir o alcance e o valor de seus produtos e soluções.

Como líder da indústria de tecnologia, a Dell estabeleceu um ecossistema sólido de parceiros OEM que integram o hardware, software e serviços da companhia em suas próprias soluções, muitas vezes sob sua própria marca - por exemplo, a Microsoft tem parceria com a Dell e o sistema operacional já vem instalado no PC para venda ao cliente final.

---

[*] GATLEY, David. What is the ServiceNow OEM program & technology? **Service Now,** 2019. Disponível em: https://www.servicenow.com/community/now-platform-blog/what-is-the-servicenow-oem-program-technology/ba-p/2286572. Acesso em: ago. 2023.

Esses parceiros têm acesso a um portfólio diversificado de produtos de alta qualidade, tecnologias de ponta e amplo suporte técnico para permitir que entreguem soluções inovadoras e confiáveis a seus clientes. Por meio desse modelo de parceria, a Dell amplia efetivamente sua presença no mercado e impulsiona o crescimento ao aproveitar diversos setores e mercados por meio do alcance desses parceiros. Essa relação simbiótica promove o sucesso mútuo, no qual tanto a Dell quanto seus parceiros OEM se beneficiam de maiores oportunidades de mercado e satisfação do cliente.[*]

Marketplace

O *marketplace* é um ambiente digital no qual compradores e vendedores se encontram para realizar transações comerciais. Nesse espaço, diversos produtos ou serviços de diferentes fornecedores são disponibilizados para compra ou integrações. O *marketplace* atua como intermediário, facilitando as transações, processando pagamentos e garantindo a segurança das operações. É uma estratégia que oferece conveniência aos consumidores, ampliando a variedade de opções disponíveis em um só lugar já que as apresenta de forma padronizada.

○ **Objetivo:** aumento de vendas por ampliação do alcance e melhoria na experiência dos clientes por gerar conveniência e maior confiabilidade;

○ **Perfil do parceiro:** possui audiência e uma plataforma de qualidade;

○ **Não fazer quando:** sua empresa ainda tem baixa maturidade em relação ao produto a ser ofertado.

Na prática: Salesforce

A Salesforce, por exemplo, uma das maiores plataformas de gestão de marketing do mundo, tem seu crescimento constante

---

[*] DELL TECHNOLOGIES. Dell, c2023. OEM Solutions. Disponível em: https://www.dell.com/en-us/dt/oem/index.htm#tab0=0&tab1=0. Acesso em: ago. 2023.

atrelado ao ecossistema de parceiros que construíram e apoia a jornada dos clientes que adquirem a plataforma. Segundo dados divulgados pela empresa, 70% das implementações do sistema Salesforce são realizadas por especialistas parceiros. São empresas que atuam em diversas etapas da jornada dos clientes Salesforce: parceiros de consultoria, agências digitais, desenvolvedores, revendedores, entre outros.

Para promover a integração entre tantos negócios diferentes, a Salesforce construiu um senso de comunidade e identidade compartilhados para que a linguagem entre os parceiros também convergisse. Os membros do programa da Salesforce recebem o título de *trailblazer* que, em português, seria algo como *desbravadores*.[*] Essa narrativa comum impulsiona o ciclo de aceleração, especialmente nos resultados da AppExchange[**], *marketplace* em nuvem que integra mais de 7 mil aplicativos desenvolvidos por parceiros, além das conexões de suporte etc., que é uma vitrine para os clientes Salesforce.

Parcerias Estratégicas

Parcerias estratégicas são acordos de longo prazo que alinham os esforços de duas ou mais empresas que compartilham de uma mesma visão geral. Normalmente, essas parcerias assumem a forma de campanhas anuais, com roteiro para a evolução do produto de longo prazo e desenvolvimento de integração - e podem evoluir para parcerias mais longas e até para a união formal dos negócios, como as *Joint Ventures* (JVs). As partes compartilham interesses e querem se apresentar como uma aliança. Por isso, é comum termos a implementação de uma estratégia de *co-branding*, defesa mútua do projeto e até mesmo investimento estratégico de capital de risco.

* O que é um Trailblazer?. Salesforce. Disponível em: https://www.salesforce.com/br/company/be-a-trailblazer/. Acesso em: ago. 2023.

** What is the Appexchange? Salesforce. Disponível em: https://appexchange.salesforce.com/mktcollections/curated/whatisappexchange. Acesso em: ago. 2023.

Esse modelo de parceria também pode ser chamado de *biz dev* (desenvolvimento de negócios). São parceiros que colaboram com fornecedores para identificar novas oportunidades de negócios, desenvolver novos produtos ou serviços ou entrar em novos mercados. Aqui temos alto potencial de alavancagem, por isso é o modelo que exige maior esforço e customização dos dois lados. Justamente por serem decisões estratégicas e com maior envolvimento, a seletividade entre os parceiros é maior.

Na prática: TOTVS e Itaú

Líder em sistemas e plataformas para empresas, a TOTVS vai muito além de um serviço ERP (software de gestão empresarial), oferecendo tecnologia completa para digitalização dos negócios com foco em 3 dimensões: *gestão*, com sistemas para automatizar processos das atividades fim e todo *backoffice* da operação; *techfin*, oferecendo serviços financeiros personalizados por meio dos seus sistemas; e *business performance,* com soluções para as empresas venderem mais e crescerem.

A TOTVS e o Itaú fecharam um acordo bilionário que se enquadra na sua dimensão de *techfin*. O Diretor de Digital Cash Management e Open Finance do Itaú afirmou, numa entrevista, que "a junção das empresas faz parte de uma estratégia para terem mais visibilidade das operações dos clientes e serem mais assertivos na concessão de crédito e ofertas de serviços". A razão para este investimento reflete o "foco em tornar a jornada do cliente mais suave e ir além do que atualmente é a prestação de serviços bancários", segundo ele.*

A parceria estratégica se dá porque a tecnologia TOTVS provê para o Itaú dados mais completos para a análise e gestão do crédito dos clientes de um dos principais bancos no Brasil.

Além desse importante destaque, vale mencionarmos que a TOTVS também tem uma operação de canal de franquias. Como vendem um tipo de tecnologia que muitas vezes demanda um projeto robusto de

---

* GRADILONE, Cláudio. O que motivou o acordo bilionário entre Itaú e Totvs. **ISTOÉ Dinheiro**, 2022. Disponível em: https://istoedinheiro.com.br/o-que-motivou-o-acordo-bilionario-entre-itau-e-totvs/. Acesso: ago. 2023.

implantação, personalizações e até customizações, a empresa percebeu que estar próxima da operação de seus clientes seria determinante para o crescimento. Hoje, o modelo de distribuição é um dos principais diferenciais competitivos da TOTVS e conta com diversas franquias que, com as unidades próprias, somam mais de 50 escritórios espalhados pelo Brasil, além de unidades próprias na Argentina, Colômbia e México.[*]

Como definir o melhor modelo de parceria

Ao olhar para os modelos de parcerias, fica fácil entender que existem muitas formas de alavancar a operação com apoio de terceiros e nenhum modelo exclui o outro. O que força as escolhas é a capacidade de investimento que vem, mais uma vez, do foco.

Por isso, nosso principal conselho é definir qual dor ou oportunidade de melhoria da operação é mais latente dentro da empresa para que a construção do ecossistema comece por ali. Dessa forma, a métrica de sucesso principal atrelada ao programa e área responsável pela iniciativa ficará mais clara também.

À medida que o programa vai trazendo resultados e previsibilidade, você terá a possibilidade de adicionar outros formatos para compor o ecossistema. Tudo sempre acompanhando a estratégia da empresa. Começar por modelos mais simples facilita o aprendizado e o início da maturação de alguns processos.

Segundo uma pesquisa desenvolvida pela Plural Sales com empresas de SaaS, 70% das empresas trabalham com mais do que um modelo de canal. E para aquelas que trabalham com apenas um canal, 70% utilizam o modelo de afiliados no seu ecossistema.[**]

---

* TOTVS. Totvs, c2023. Seja um parceiro. Disponível em: https://www.totvs.com/seja-um-parceiro/. Acesso em: ago. 2023.

** BENCHMARK. Benchmark, c2023. Comissionamento de parceiros. Disponível em: https://materiais.pluralsales.com.br/benchmark-comissionamento-de-parceiros. Acesso: ago. 2023.

O modelo de afiliados é mais simples de implementar por ser uma relação transacional: indicou, fechou, recebeu remuneração. Trabalhar com afiliados requer menos treinamentos, menos processos e menos investimento. Por outro lado, a previsibilidade de indicações é menor também, já que não existe tanta proximidade das operações.

Na figura abaixo, voltamos ao desenho da jornada do cliente e distribuímos alguns dos modelos de parceiros que acabamos de cobrir para ilustrar como eles alinham na experiência final com o cliente. O seu ecossistema pode ser de um tipo deles, ou uma combinação de vários modelos de parcerias. Algo semelhante ao que mostra o esquema a seguir:

Modelos de Parceria

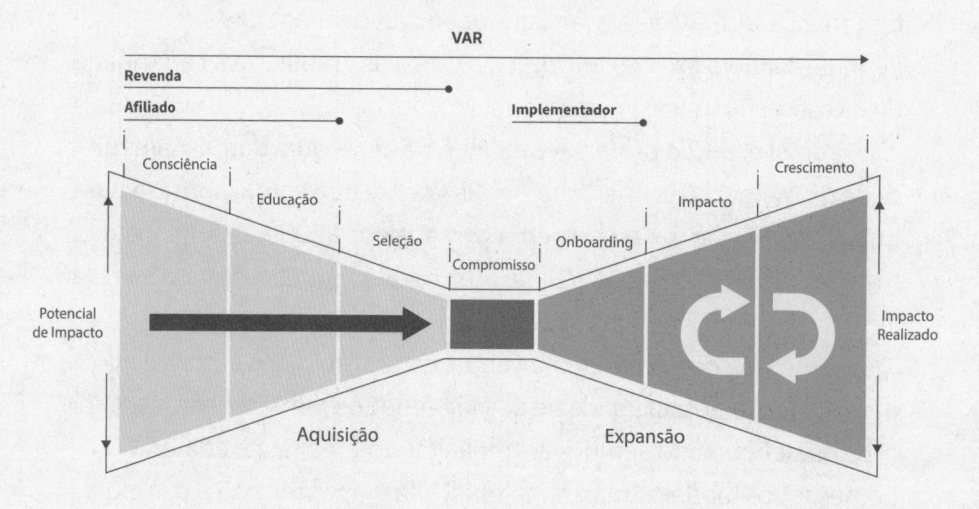

A construção de modelos de canais complementares pode gerar otimização e valor em diferentes partes da jornada do cliente. Além disso, permite construir uma trilha de evolução para o parceiro, que pode iniciar em modelos mais simples e ir ampliando a sua atuação com o tempo. Por isso, quando falamos em programa de canais, provocamos os negócios a pensarem como essa evolução pode acontecer com o ganho de maturidade na relação com os parceiros.

Microsoft
Parceiros no DNA

A indústria de tecnologia se reinventa a cada 5 anos ou menos, gerando novos desafios e oportunidades de crescimento – e com a Microsoft não tem sido diferente. Apesar de ser uma empresa que já passou por diversos ciclos de transformação, a receita da Microsoft gerada via parceiros permaneceu consistentemente alta durante toda sua trajetória: **parceiros influenciam mais de 95% da receita adquirida de forma direta ou indireta e, para cada 1 dólar que a Microsoft fatura, seus parceiros ganham 10 dólares!**[*] Ou seja, com um faturamento de mais de 200 bilhões de dólares, estamos falando em um faturamento de mais de 2 trilhões de dólares pelos seus parceiros ao redor do mundo.

O ecossistema de parceiros da Microsoft é amplo, diverso e poderoso, e sempre esteve no centro da estratégia de negócios. Satya Nadella, CEO da Microsoft, reforça a relevância do ecossistema para a organização, especialmente nesta era de Inteligência Artificial. No evento Inspire 2023, em plena ebulição de IA, Nadella afirmou que com o ecossistema único de parceiros que a Microsoft tem é possível "chegar a todas as comunidades, em todos os países, em todos os setores da economia, tanto públicos como privados. [...] Graças a toda a capacidade [dos parceiros], [...] temos a fundação para perseguir nossa missão de capacitar cada pessoa e cada organização no planeta para alcançar mais [por meio da tecnologia]".[**] Dois anos antes, numa entrevista para a CRN, ele já havia afirmado que considerava o ecossistema como grande diferencial na abordagem de negócios da Microsoft. "[...]

---

[*] SURUR. Microsoft says their partners earn nearly $10 for every $1 Microsoft takes. MSPowerUser, 2018. Disponível em: https://mspoweruser.com/microsoft-says-partners-earn-nearly-10-every. Acesso em: ago. 2023.

[**] Em tradução livre de: WILLARD, Wade Tyler. Microsoft Partners: This Is Your Copilot Speaking. CRN, 2023. Disponível em: https://www.crn.com/news/software/microsoft-partners-this-is-your-copilot-speaking?ref=partnerhacker.com. Acesso em: ago. 2023.

não existiríamos como empresa se o ecossistema de parceiros não pegasse o que construímos, agregasse valor e então, e mais importante, se juntasse a nós na obsessão sobre como os resultados do que desenvolvemos ajudam o mundo a melhorar, um negócio de cada vez, uma comunidade de cada vez", afirmou.[*]

A Microsoft tem uma gama enorme de parceiros em várias indústrias, incluindo parceiros de tecnologia, consultoria e desenvolvimento. Os principais parceiros incluem nomes tradicionais no mercado de tecnologia como Cisco e Adobe, e até empresas essencialmente concorrentes, como Amazon e IBM (a Microsoft tem, por exemplo, uma parceria com a Amazon, para integrar suas assistentes digitais Cortana e Alexa[**], e com a IBM, para integrar os seus serviços de nuvem[***]). Tem também exemplos de parcerias bem pouco tradicionais, como a realizada com a empresa de beleza Maybelline, na qual se propuseram a redefinir a beleza digital lançando maquiagem virtual para os usuários do Microsoft Teams.[****]

Como já sabemos, construir parcerias para crescer e expandir a participação de mercado requer um entendimento profundo da dinâmica de parceiros, requer que isto esteja no seu DNA. **As funcionalidades e os benefícios do seu produto não motivam parceiros. Na verdade, os parceiros são motivados pelo negócio que a sua proposta**

* Em tradução livre de: GOODISON, Donna. Microsoft CEO Satya Nadella's Plan To Unlock 'Trillions Of Dollars' In Partner Opportunity. CRN, 2021. Disponível em: https://www.crn.com/news/cloud/microsoft-ceo-satya-nadella-s-plan-to-unlock-trillions-of-dollars-in-partner-opportunity. Acesso em: ago. 2023.

** SHUMAN, Andrew. Hey Cortana, open Alexa: Microsoft and Amazon's first-of-its-kind collaboration. Official Microsoft Blog, 2017. Disponível em: https://blogs.microsoft.com/blog/2017/08/30/hey-cortana-open-alexa-microsoft-amazons-first-kind-collaboration/. Acesso em: ago. 2023.

*** TANZER, Brett. Accelerate mainframe application modernization with IBM and Microsoft. Microsoft Tech Community, 2022. Disponível em: https://techcommunity.microsoft.com/t5/azure-migration-and/accelerate-mainframe-application-modernization-with-ibm-and/ba-p/3691322. Acesso em: ago. 2023.

**** CARRETE, Valéria. Maybelline and Microsoft: A Surprising Partnership That Redefines Digital Beauty. LinkedIn, 2023. Disponível em: https://www.linkedin.com/posts/val%C3%A9ria-carrete-a537a41_maybelline-microsoft-digitalbeauty-activity--7079486247756308480-ZhRN?utm_source=share&utm_medium=member_ios. Acesso em: ago. 2023.

de valor pode entregar e pela confiança em um relacionamento ganha-ganha transparente.

Eu, Juliana, pude acompanhar de perto a evolução da atuação da Microsoft via parceiros nos anos em que liderei operações locais e globais na empresa. Vivi o compromisso da empresa com a perspectiva de liderança via ecossistema mesmo durante momentos importantes de transição como, por exemplo, enquanto o mercado gerava ruído dizendo que a evolução para nuvem eliminaria a necessidade de parceiros pela facilidade de consumo de tecnologia pelos clientes. A Microsoft nunca acreditou nisso; desde então, evoluiu de uma empresa "com potencial" para a nuvem, para uma receita exponencial de nuvem com parceiros, e está entre os líderes da corrida tecnológica de inteligência artificial - novamente educando mercado e puxando seu ecossistema de parceiros, clientes e fornecedores. A Microsoft se revelou pró-parceiros durante todas as oportunidades em que a indústria passou por transformações: investindo mais em produto e desenvolvimento para inovar, criando novos mercados, construindo uma marca que os parceiros pudessem aproveitar, investindo em recursos de GTM, apoio e capacitação de parceiros. Não foi um esforço à toa nutrir esse ecossistema que hoje conta com mais de 400 mil parceiros[*] e segue potencializando a inovação no mercado.

Nos mais de 20 anos em que passei na companhia, vi os investimentos precursores que a Microsoft fez para amplificar seu alcance no longo prazo, por exemplo:

O A unidade de negócios de treinamento e certificação nunca foi uma fonte protagonista em geração de receita, mas à medida que parceiros investiram nesse negócio e ganharam dinheiro com ele, muitos profissionais no ecossistema de clientes e parceiros passaram a ser capacitados e valorizados no mercado, potencializando, assim, o ciclo de aceleração da Microsoft;

---

* NADELLA, Satya. Creating new opportunity across our partner ecosystem in this AI era. LinkedIn, 2023. Disponível em: https://www.linkedin.com/pulse/creating-new-opportunity-across-our-partner-ecosystem-satya-nadella. Acesso em: ago. 2023.

- Muito antes dos influenciadores serem moda, a Microsoft já investia em uma comunidade de MVPs (*most valued professionals,* em português, *os profissionais mais valiosos*), um grupo com expertise alta e que era referência no mercado para líderes de outras comunidades. Os MVPs têm acesso antecipado a testes, lançamentos e tecnologia para que possam dar *feedback* e espalhar novidades por aí.[*]

- Também muito antes das lojas de aplicativos se popularizarem, a Microsoft já colocava os desenvolvedores e parceiros tecnológicos como protagonistas em sua estratégia, compartilhando APIs e abrindo código, pois essa alavancagem permite aprofundar a aderência do produto e da plataforma Microsoft nos clientes.

Na mesma edição do evento Inspire de 2023, Nadella fez outra declaração extremamente relevante e que tangibiliza o que significa uma mentalidade orientada para a construção de um ecossistema de parceiros. Ele afirmou que todos os que trabalham, cocriam e inovam com a Microsoft estão ali para "impulsionar o crescimento econômico equitativo em todas as partes do mundo [...] para garantir que a inovação que fazemos esteja protegendo nosso recurso finito do planeta. Construímos confiança em tudo o que fazemos".[**]

Somos claramente fãs do modelo de parceiros da Microsoft. Mas sabemos que é praticamente impossível usar a Microsoft como "cartilha" na construção da estratégia de parceiros, dada a maturidade da empresa e seu ecossistema. A intenção aqui segue na linha de explorar os conceitos, cultura e modelos que estão por trás desse sucesso, servir como inspiração e provocação para as suas próprias reflexões.

---

[*] MICROSOFT. Microsoft, c2023. Microsoft Most Valuable Partners. Disponível em: https://mvp.microsoft.com/pt-BR/mvp. Acesso em: ago. 2023.

[**] WILLARD, Wade Tyler. Microsoft CEO Nadella: AI Partner Opportunity Could Reach $7T. CRN, 2023. Disponível em: https://www.crn.com/news/cloud/microsoft-ceo-nadella-ai-partner-opportunity-could-reach-7t. Acesso em: ago. 2023.

Prognóstico de maturidade: design e modelos

Antes de seguir, avalie o nível de maturidade do eixo, de 1 (baixa) a 5 (alta).

Componente	Nível de maturidade		Como avalia sua organização e como poderiam melhorar:
Conhecimento da jornada do cliente	A empresa já tem ICP definido.	A jornada do cliente está mapeada com a clareza de todos os diferentes estágios e marcos desde o processo de aquisição até crescimento de receita da base.	
Proposta de valor e oferta aos clientes	A empresa já tem as primeiras sinalizações e feedbacks dos clientes sobre aderência à oferta e está trabalhando nisso.	A empresa já tem posicionamento diferenciado no mercado frente aos concorrentes e métricas de retenção e sucesso do cliente satisfatórias.	
Momento do produto	O produto já está em fase de fit no mercado (PMF).	Portfólio robusto com soluções complementares por público-alvo e funcionalidades específicas para os canais que fazem parte da estratégia.	
Maturidade do GTM	A empresa já atingiu as metas iniciais de venda de maneira recorrente.	Diversas estratégias de GTM são orquestradas de maneira complementar.	
Construção de ecossistema	Um modelo de parceria está definido e implementado ou em implantação.	A empresa opera com mais do que dois modelos de parceiros de maneira estruturada e previsível.	
Agora, faça o cálculo de média aritmética simples neste eixo. Some todos os valores e divida pelo número de questões.			Score final:

Construa seu Octo online:

2º Movimento:

Jornada do Parceiro

"Temos de aprender a viver juntos como irmãos ou pereceremos juntos como tolos."

MARTIN LUTHER KING
em discurso no dia 22 de março de 1964*

* The Oxford Dictionary of Quotations by Subject (Oxford Paperback Reference) (Locais do Kindle 1744-1745). Oxford: Oxford University Press, 2004. Tradução livre.

Capítulo 5

Jornada do parceiro
Atração e recrutamento

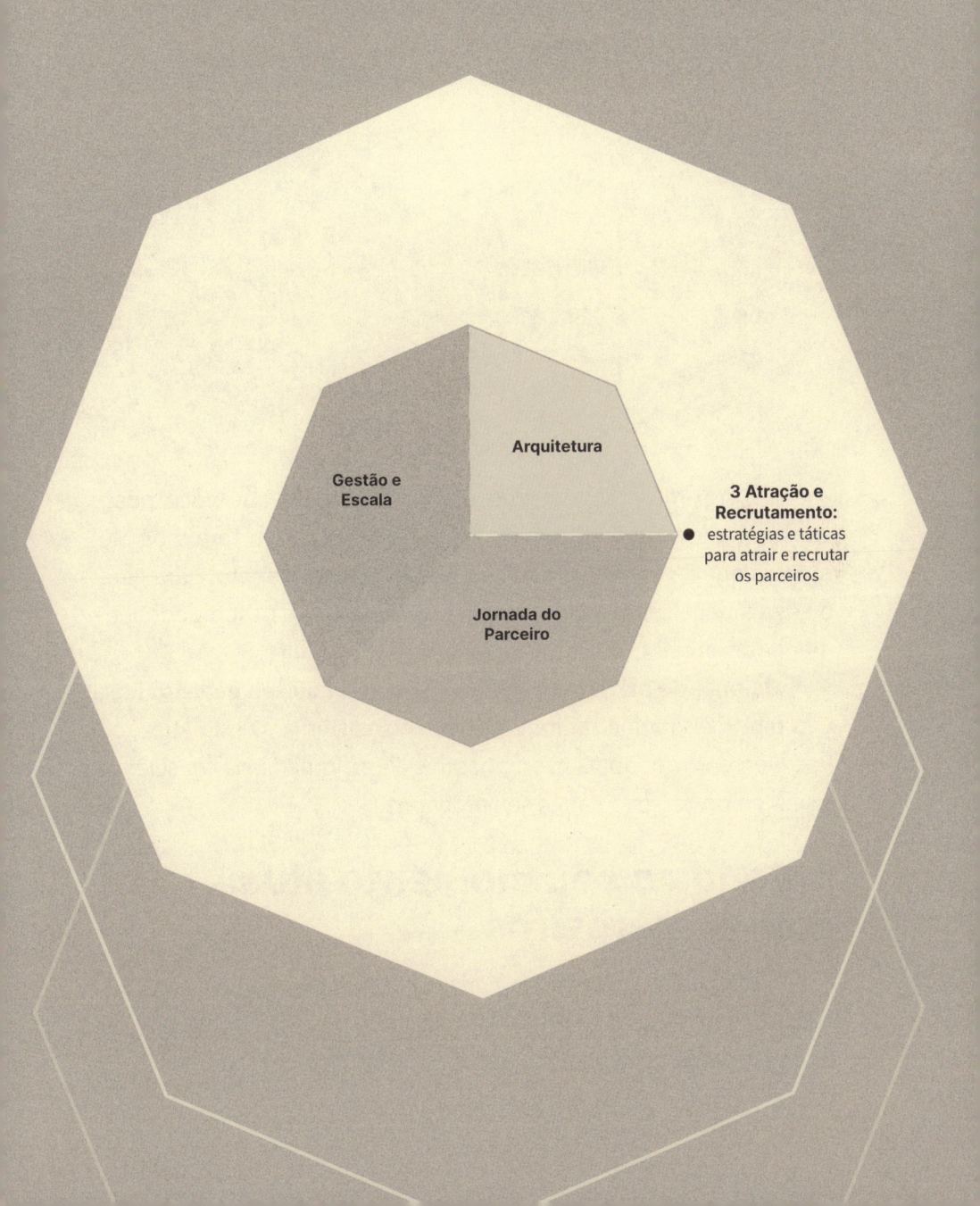

Gestão e Escala

Arquitetura

Jornada do Parceiro

3 Atração e Recrutamento: estratégias e táticas para atrair e recrutar os parceiros

Depois de conhecer os diversos modelos e formatos de parceria e identificar as opções que melhor se adequam ao momento atual de seu negócio, é hora de atrair os parceiros certos para agregar valor à jornada de seu cliente e ao seu negócio.

A partir de agora, entramos efetivamente na jornada do parceiro, conforme o *framework* que vimos no capítulo 2.

Jornada do Parceiro

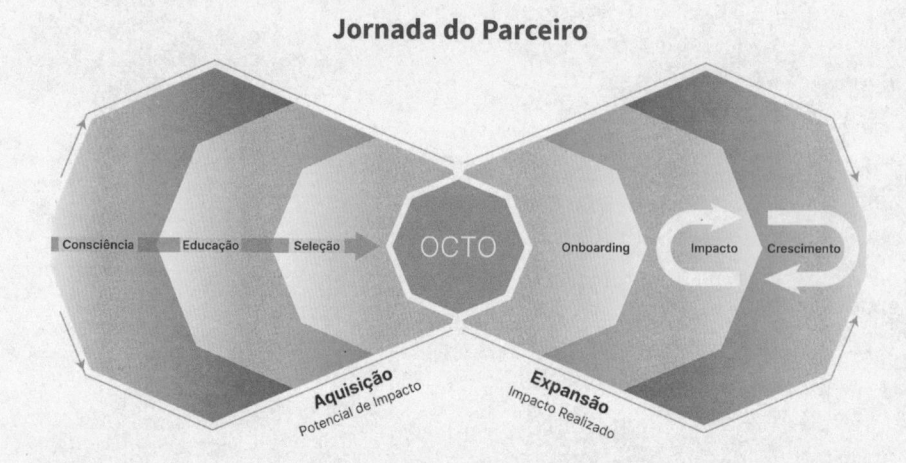

Os próximos temas estão organizados para que você possa construir e executar a jornada de seu parceiro com todos os elementos que favoreçam o sucesso desse relacionamento, para gerar o engajamento apropriado nas atividades que vão desempenhar de maneira conjunta.

O ponto de partida é a definição do perfil do seu parceiro ideal e as diretrizes para atraí-lo para o seu ecossistema. O eixo Atração e Recrutamento nos apoia nas etapas iniciais da jornada, da consciência à seleção do parceiro para o seu programa.

Entenda o seu momento atual com os parceiros

Gostamos de começar essa análise partindo do que é a realidade atual da empresa para, então, estabelecer os objetivos de desenvolvimento desse eixo. E a primeira pergunta nesta etapa que fazemos é:

Quantos parceiros você tem na sua base?

Tudo bem se precisar refletir um tempinho antes de responder. A gente sabe que você, provavelmente, precisará disso – porque, na maioria das vezes que soltamos essa provocação, a resposta nunca é direta. Ou a empresa não tem isso mapeado e precisa de alguns instantes para fazer uma estimativa ou até tem essa base mapeada, mas a resposta vem acompanhada de um *mas...* Alguns exemplos comuns são: "temos 200 parceiros, mas só 50 de fato performam", "temos 10 cadastrados, mas só 1 trouxe cliente", "temos mais de 3 mil parceiros, mas queremos fazer uma limpeza na base".

Para nós, essas respostas surgem especialmente quando as empresas deixam as iniciativas de canais crescerem de forma orgânica, sem clareza de quem realmente são os parceiros estratégicos para o negócio e como essas relações devem ser estabelecidas para que a mensuração de resultados e os termos desse compromisso sejam claros para todas as pontas.

Ao optar por não criar uma estratégia clara de aquisição de parceiros, temos um desperdício de esforço e de oportunidade, além de análises potencialmente distorcidas. Seja um falso resultado negativo de que canais não funcionam, ou ainda, que é custoso demais se pensarmos que um maior volume de canais não significa diretamente mais receita. **O que está diretamente relacionado à receita é o volume de canais ativos e com boa performance.**

Assim como em qualquer processo de geração de demanda e influência na jornada (*hello, marketing!*), as práticas de aquisição devem ser voltadas para a criação de valor para uma audiência específica, independentemente do método que esteja utilizando para implementá-las. Por isso, análogo ao que já é pensado para aquisição de clientes, o processo de trazer parceiros alinhados aos objetivos de crescimento da sua empresa deve ser intencionalmente construído: persona, etapas, critérios e recursos.

A XP Investimentos, hoje uma das empresas mais relevantes no setor financeiro brasileiro, adotou um modelo interessante para aumentar sua participação no mercado a partir de uma plataforma aberta capaz de conectar uma rede de assessores de investimento autônomos. Mas antes de plugar os parceiros assessores, uma das primeiras decisões que fez diferença para a história de sucesso da XP foi entender o perfil do seu cliente ideal (pessoas físicas que não entendiam como funcionava a bolsa de valores e o mundo dos investimentos) e desenvolver um processo de educação financeira antes de entrar na venda dos produtos da corretora. Essa estratégia começou a dar resultados e a liderança da XP viu nos agentes autônomos uma oportunidade de acelerar o crescimento, com os agentes assumindo a entrega das aulas em troca de uma participação na receita gerada por esses clientes.[*]

Esse modelo evoluiu ao longo dos últimos anos e a empresa se estabeleceu não só como uma das principais corretoras de valores do país, mas também como uma casa referência para os agentes e escritórios de assessoria, criando, inclusive, o Brazil Advisor Awards, uma premiação exclusiva com categorias como melhor escritório do Brasil, melhor assessor do Brasil, engajamento ecossistema do assessor, entre outras.[**] É uma maneira de inspirar e ajudar os parceiros a replicarem as estratégias mais vencedoras de maneira eficiente e estimular que eles próprios estabeleçam vínculos e projetos conjuntos entre si.[***]

A XP encontrou o seu perfil de cliente ideal e, além disso, estabeleceu o perfil do parceiro ideal, uma combinação poderosa e que a coloca na liderança do seu mercado.

---

[*] Guilherme Benchimol: o economista que partiu para cima dos bancos e revolucionou o mercado financeiro com a XP. Infomoney. Disponível em: https://www.infomoney.com. br/perfil/guilherme-benchimol/. Acesso em: ago. 2023.

[**] PINTO, Leonardo. XP premia os melhores escritórios e assessores do país no Brazil Advisor Awards; conheça os ganhadores da 9ª edição. Expert XP, 2020. Disponível em: https://conteudos.xpi.com.br/guia-de-investimentos/relatorios/xp-premia-os-melhores-escritorios-e-assessores-do-pais-no-brazil-advisor-awards-conheca-os-ganhadores--da-9a-edicao/. Acesso em: ago. 2023.

[***] SALOMÃO, Thiago. ENTREVISTA: com seu próprio "Oscar", XP consegue replicar modelo de sucesso para sua rede. Infomoney, 2017. Disponível em: https://www.infomoney. com.br/mercados/entrevista-com-seu-proprio-oscar-xp-consegue-replicar-modelo-de--sucesso-para-sua-rede/. Acesso em: ago. 2023.

Já passamos pela definição do seu ICP (perfil de cliente ideal) e agora, seguindo a mesma lógica, vamos trabalhar o IPP (perfil de parceiro ideal) para que seja viável construir um plano de parceria e uso de canais que atenda às expectativas tanto de quem lidera o ecossistema como de quem escolhe pertencer a um ecossistema.

Quanto mais clareza há, mais eficiente a relação se torna. E isso significa que não basta dizer "quero estabelecer parcerias", mas saber o modelo de parceria, com quais métricas, com quais entregáveis em curto, médio e longo prazo, e seguindo quais critérios para a entrada, manutenção e saída dos parceiros do ecossistema.

Ao definir o objetivo dos diferentes modelos de canais que podem ser trabalhados no ecossistema e o perfil ideal para cada um ter sucesso no programa, é muito mais fácil dizer não ao que está fora da estratégia e comunicar com clareza aos colaboradores quem de fato deve ser enquadrado como oportunidades de parceria, para que direcionem energia e esforço conforme a visão de crescimento da empresa.

Posicionamento para o mercado

Ao ter o perfil do parceiro ideal para uma ou mais etapas da jornada do seu cliente, você também consegue personalizar suas ofertas e diferenciais considerando as particularidades dos segmentos, para que os parceiros sintam que o programa atende suas necessidades ou desejos. Diferentemente de programas genéricos, que normalmente são baseados apenas em comissionamento, ao entender com maior profundidade as dores de negócio do seu IPP ficará mais fácil construir os incentivos corretos e trabalhar o posicionamento do seu valor conjunto para o mercado.

Vários exemplos que vimos até aqui mostram como grandes empresas alavancaram seu crescimento engajando os parceiros na mesma proporção em que os incentivos valorizavam e apoiavam o reconhecimento desses parceiros nos seus respectivos setores.

Como construir o IPP

Nós acreditamos que um bom processo para a construção do IPP passa por três etapas:

1. O parceiro ideal é aquele relevante para o seu ICP;
2. Definição de critérios objetivos e mensuráveis;
3. Alinhamento de valores e sinergia real de negócios.

1. O parceiro ideal é aquele com quem seu cliente ideal quer comprar e/ou se relacionar

Se toda estratégia de ecossistema deve ser voltada para o cliente, faz sentido começar analisando como seus clientes compram e utilizam seu produto e quais são possíveis intermediários desses processos.

Você pode investigar quais são as lacunas ou possibilidades de melhoria na jornada do cliente com o time interno (vendas, atendimento ao cliente, suporte técnico etc.) e, também, em pesquisas com o público final.

Com essas respostas em mãos, a pergunta-chave é: **quais lacunas nessa jornada poderiam ser preenchidas ou potencializadas por parceiros?**

Como você viu no capítulo anterior, diferentes modelos de parceria oferecem um conjunto diferente de possibilidades, e você pode atuar com modelos complementares de acordo com as demandas que identificar nessa investigação. É essa multiplicidade que compõe a diversidade do ecossistema.

Quanto mais claros estiverem esses pontos de convergência, mais apto você estará para capacitar o seu parceiro e melhor qualificar as oportunidades de negócio a serem trabalhadas em conjunto. Se o parceiro não estiver diretamente interessado no mesmo público que sua empresa, as prioridades vão se desalinhar em algum momento – e com certeza você consegue pensar em exemplos de projetos que não avançaram justamente por isso.

2. Definição de critérios objetivos e mensuráveis

Quanto mais objetivos forem os critérios dessa relação, mais fácil será o alinhamento entre os parceiros em potencial, os processos e as pessoas envolvidas para avaliarem a viabilidade de trabalharem em conjunto. Esses critérios também facilitam a construção de processos de aquisição mais escaláveis como formulários e filtros.

Defendemos que estabeleça duas categorias de análise nesta etapa: **os recursos essenciais para a entrada no programa de parceria e os recursos desejáveis, mas que não são decisivos.** Isso facilita o equilíbrio entre encontrar tudo que se almeja em um parceiro e deixar a porta aberta para outras opções de descobrimento, trabalhando com uma visão objetiva das características que maximizam o sucesso no programa.

E claro, ao definir os critérios, determine como eles serão validados ao longo da jornada. Essa validação é uma prática constante e que trará *insights* de outros critérios que precisam ser incluídos ou deixados de lado conforme seu programa de parceiros amadurece.

Muitas empresas, ao pensar no perfil de parceiros, têm como primeiro impulso relacionar a necessidade diretamente a um segmento, como contadores, agências, consultorias etc. **Na nossa visão, em vez de olhar para o segmento fim, vale mais a pena pensar nos critérios que podem trazer maior assertividade na complementaridade da sua solução.**

Alguns exemplos de critérios que podem ser utilizados como exercício:

○ **Expertise da indústria:** tempo de mercado, certificações técnicas, autoridade;

○ **Capacidade de prospecção e vendas:** tamanho da carteira de clientes, estrutura de marketing e vendas;

○ **Capacidade de atendimento:** tamanho da equipe, portfólio de soluções ofertadas, estrutura de suporte técnico e atendimento;

○ **Presença geográfica:** capacidade de expandir a atuação do negócio para outros mercados regionais;

○ **Plano de negócios:** capacidade de investimento, planejamento estratégico, metas.

Ao construir os itens necessários, a inclinação por determinados segmentos poderá vir de maneira natural.

Scorecard

Uma forma de avaliar os canais é atribuir uma pontuação para identificar quais potenciais parceiros estão mais preparados para entrar e performar no programa e priorizar o atendimento de forma automática ou manual. Esse tipo de ferramenta permite ver, de forma holística, rápida e objetiva, como o parceiro está posicionado e, também, realizar segmentações para comunicações e interações sobre itens específicos que possam ser desenvolvidos.

Veja o exemplo de um scorecard

Você poderá definir os critérios, pontuações e peso de acordo com o que fizer mais sentido para seu negócio. No exemplo abaixo, as notas variam de 0 a 1 em três escalas:

0: ruim

0.5: intermediário

1: bom e, ao final, a soma traz uma nota para o parceiro.

Critérios-chave	Nota
Perfil: [nome do parceiro]	
Foco: [indica a etapa da jornada do ICP em que o parceiro atua]	
Critério-chave: Capacidade de Prospecção e Vendas	
Carteira de clientes atuais	
Perfil dos Clientes Atendidos (Fit com a sua solução)	
Capacidade de geração de oportunidades (marketing)	
Estrutura de vendas	
Critério-chave: Conhecimento Técnico	
Conhecimento do produto (certificação)	
Conhecimento do mercado em que atua - segmento	
Estrutura de atendimento (CS, desenvolvedor etc.)	
Critério-chave: Planejamento Estratégico	
Plano de negócios com metas	
Portfólio de serviços	
Soma Final	

3. Alinhamento de valores e sinergia entre negócios

Apesar de este ser um tópico menos tangível, busque entender os valores e o modelo de trabalho dos seus potenciais parceiros. Lembre-se de que um parceiro é alguém que você deve estar confortável para, na medida do possível, compartilhar informações de negócios, estratégias de produto e considerar uma empresa que queira crescer junto. Se existir uma barreira de valores, a sinergia ficará prejudicada.

Às vezes, encontramos empresas que percebemos como oportunidade de se fazer negócios, no entanto, se essa organização não tiver valores e modelos de negócios consistentes com os seus, se elas não operam de maneira similar e verdadeiramente complementar, o valor da oportunidade não compensa o risco ao futuro da sua reputação ou de prejuízos financeiros. **Ética e um fator inegociável para a criação de qualquer negócio, o que se aplica também para a criação de um ecossistema.**

Direcionamento das estratégias de prospecção e recrutamento

Com segmentos e critérios definidos, é natural entender as formas de aquisição necessárias e onde é mais adequado investir para se conectar com esses outros negócios. Quando vemos um canal com alta performance, é evidente definir como um "bom parceiro" e, por consequência, ofertar incentivos diferenciados. No entanto, se você não tem clareza sobre o conjunto de atributos que devem ser avaliados, dificulta identificar os gargalos e replicar modelos de sucesso em todo o ecossistema.

Esses indicadores servem especialmente para que, antes de iniciar as jornadas de parceria, tenhamos melhores condições de direcionar o parceiro e evitar dúvidas nos momentos de análise de desempenho. Quando um parceiro não entrega o resultado que era esperado, fica mais fácil identificar o motivo que o impediu de evoluir: não foi feito o investimento necessário (seja em treinamento, atendimento, suporte) ou realmente não tinha *fit* com a empresa? Deixaremos a seguir algumas dicas para facilitar!

Aproveitar a demanda existente

A estratégia de aquisição de canais acompanha as diversas possibilidades apresentadas na área de marketing. Entender se o programa será massivo ou seleto é o primeiro passo para pensar o caminho. De qualquer forma, o recrutamento será uma atividade recorrente, por isso devem existir recursos designados para realizar essa função de forma contínua. Falaremos disso nos capítulos seguintes.

Considerando que sua empresa já possui uma fonte de geração de demanda prioritária para aquisição de clientes, a sugestão é aproveitar para transpor a expertise, as ferramentas e as audiências para os parceiros.

Por exemplo, se já existe uma estratégia de *inbound marketing*, conteúdos e tráfego, essas rotinas podem ser o pontapé inicial para despertar o interesse dos primeiros parceiros.

Conforme as relações amadurecem e o fluxo se torna mais integrado, dá para pensar em recursos específicos e independentes para a entrada de parceiros, com planos de comunicação voltados para as dores de negócio dos seus parceiros.

Voltando à XP, que mencionamos no início do capítulo, hoje, além de ter uma estrutura robusta de marketing para se conectar com os investidores pessoa física, também tem uma linha de comunicação exclusiva para os agentes autônomos. A empresa criou um programa de Formação de Assessores. [*]

Vender uma visão de negócios, não funcionalidades

O produto sozinho dificilmente fará o potencial parceiro entrar no seu programa e, principalmente, permanecer engajado. O conjunto de funcionalidades e valor do seu produto precisa sim ser atrativo para o cliente final e para o canal; além disso, **o programa de parcerias deve ser pensado como a venda de uma estratégia de negócios.** Por isso, em vez de destacar apenas benefícios técnicos, traga os pontos da proposição de valor com profundidade.

O Como a empresa aumentará a receita com a parceria?

O Como a parceria implica uma redução de custos operacionais?

[*] XPEDUCAÇÃO. XPEducação, c2023. Escola de assessoria de investimentos. Disponível em: https://www.xpeducacao.com.br/escola-de-assessoria-de-investimentos. Acesso em: ago. 2023.

○ Como a oferta conjunta poderá ampliar o mercado para ambos?

○ Como o parceiro poderá ter um diferencial competitivo?

○ Quais formas de apoio sua empresa prestará?

○ Que tipos de capacitações e certificações serão oferecidas?

A segurança sobre alguns desses pontos será mais importante do que apenas a solução técnica que você tem.

Alinhar a parceria no momento de entrada

Um dos fatores que contribui negativamente para o engajamento dos parceiros com o programa é o desalinhamento na entrada. Alguns questionamentos que podem ser importantes endereçar desde o começo.

Quais são as metas de longo prazo do seu potencial parceiro? Elas estão alinhadas com as da sua empresa?

A parceria é considerada uma ferramenta-chave para o atingimento dos objetivos de ambos os lados?

Qual é o investimento que seu parceiro está fazendo ou estará disposto a fazer na parceria? No início da formatação do programa de parceiros é natural que você não se sinta confortável em exigir um investimento financeiro, mas isso não significa que seja a única forma de trazer comprometimento. Alinhar uma expectativa de dedicação de tempo, por exemplo, pode fazer com o que o parceiro tenha uma reflexão se é o melhor momento para se dedicar ao programa. Por exemplo: *esperamos dos nossos parceiros uma média de 8 horas por semana no primeiro mês para treinamentos e certificações.* Essa comunicação já ajuda na avaliação de prioridade do canal.

A parceria deve ser considerada prioritária nas estratégias dos dois negócios e a relação deve ser transparente. Pode ser que essa visão não esteja tão consolidada em um primeiro momento, mas o espaço para construírem um plano de médio prazo em conjunto deve existir desde o início, só assim conseguirão construir um vínculo de confiança.

Definir processos e ferramentas

Por se tratar de um processo de aquisição, uma visão simples de *pipeline* funciona para organizar as oportunidades de parceria e fechamentos de contrato. Inicialmente, você pode usar o CRM que já faz parte da rotina com um funil dedicado para recrutamento de parceiros.

Etapas como:

O **Pesquisa e Conexão:** agendamento da explicação do programa com quantidade de tentativas de contato definidas;

O **Qualificação:** entendimento do perfil e *fit* necessários, com os critérios essenciais mapeados;

O **Diagnóstico e Solução:** conhecer o modelo de negócios do parceiro e investigar como os desafios dele se conectam com a proposta de valor do programa, detalhando os comprometimentos necessários para entrada e visão de evolução;

O **Fechamento:** envio da documentação;

O **Nutrição:** etapas após o fechamento do contrato para preparar o parceiro para os novos projetos, como passar para o processo de *onboarding*, treinamento etc.

Tudo o que trouxemos neste capítulo reflete uma consciência fundamental para você que agora vai implementar uma estratégia mais robusta com parceiros: assim como pensamos na jornada que leva ao sucesso do cliente, é essencial pensar na jornada de sucesso do parceiro e como engajá-lo durante esse percurso.

Atrair e recrutar os parceiros ideais para compor o seu ecossistema, estabelecendo critérios e uma visão de longo prazo, faz toda a diferença para que os esforços possam resultar no ciclo de aceleração tão desejado.

Entrevista: Omie

A importância do perfil do parceiro ideal no modelo de negócios

A Omie, empresa que oferece um sistema de gestão ERP e serviços financeiros fundada por Marcelo Lombardo, é o *case* que escolhemos para ilustrar o eixo Atração e Recrutamento. Como você vai entender nos próximos parágrafos, esse exemplo mostra como o processo de identificação e engajamento do parceiro ideal impacta a estratégia de crescimento de uma empresa.

A solução da Omie faz com que, especialmente negócios de pequeno e médio porte (as PMEs), acelerem a transformação digital e ganhem mais eficiência em tarefas administrativas que fazem parte da rotina de toda empresa.

Em 2014, a Omie entrou num segmento de mercado que ainda fazia a gestão contábil com "papel e caneta" ou, no máximo, algumas planilhas em Excel. Hoje, o mercado como um todo evoluiu e ela contribuiu muito para esse desenvolvimento.

Conversamos diretamente com Lombardo para entender como foi essa jornada.

***

JULIANA: Em todos esses anos de Omie, vocês passaram por mudanças muito relevantes na maneira de fazer a solução chegar aos clientes. Nesse percurso, vocês sentiram necessidade de mudar o produto principal para que ele tivesse mais adesão no mercado?

LOMBARDO: Na verdade, o produto principal da empresa continua o mesmo. Nós desenvolvemos um sistema que é essencial para a produtividade e o potencial crescimento das PMEs. Mas ter um bom produto não significa ter um caminho óbvio para o crescimento das vendas.

A nossa estratégia de marketing inicial era baseada em produção de conteúdo e em mídia paga, algo que no início deu certo, porém se mostrou um modelo nada sustentável a médio prazo. Em 10 meses, o custo por clique subiu 10 vezes e, em paralelo, a profusão de concorrentes que miravam o mesmo perfil de cliente e aplicavam as mesmas estratégias de GTM fez com que tivéssemos que repensar o caminho para chegar aos empreendedores que precisavam da Omie, mas ainda não sabiam.

NARA: Um dos desafios que os empreendedores e gestores têm numa situação como essa é avaliar com clareza o que de fato está atrapalhando o resultado e ter agilidade para tomar decisões assertivas. Como foi isso para vocês?

Nós tínhamos literalmente 6 meses de caixa para encontrar a estratégia ideal e fazer a engrenagem voltar a funcionar – e, claro, crescer. Mas fazer a virada de uma estratégia quando você tem o tempo rodando contra não é simples, porque você se depara com muitas incertezas: é a proposta de valor que não está sendo comunicada claramente? Falta competência interna para gerenciar uma estratégia como a que mirávamos? O mercado mudou? Nós precisamos de foco para entender os canais que tínhamos à nossa disposição.

JULIANA: É muito interessante você falar isso porque este é um ponto que falamos exaustivamente. A estratégia de GTM passa por ter foco e clareza para definir qual o melhor canal para acessar o cliente ideal com o máximo de velocidade e menor investimento possível.

A necessidade fez com que tivéssemos que analisar melhor a estratégia que usávamos até ali e, quando fomos a campo, descobrimos que os resultados anteriores não contavam toda a verdade do desempenho passado da nossa empresa. O tráfego pago não era o nosso maior canal de aquisição de clientes. Na verdade, quem nos gerava a parte mais relevante da demanda eram contadores, que indicavam nosso sistema para os clientes por uma razão simples: um cliente organizado permitia uma contabilidade mais organizada, gerando uma economia de 80% de tempo na gestão daquela conta para o escritório de contabilidade.

Foi como se uma nuvem saísse da nossa frente. Nós não tínhamos muita visibilidade desse parceiro tão importante e que tinha um potencial imenso a ser capturado. A gente mudou totalmente o foco e resolvemos nos lançar como os melhores parceiros para os contadores que atuavam no mercado. Os contadores teriam 100% da nossa energia para que fossem o canal de GTM.

Naquele momento, tínhamos um mercado com cerca de 70 mil contadores. A proposta era transformar essa massa de profissionais em contadores digitais que, ao se tornarem afiliados da Omie, passariam a ganhar 50% de comissão do valor da mensalidade.

NARA: Vocês entenderam o IPP, isso por si só já é uma grande alavanca porque mostra quais lacunas o parceiro preenche na jornada do cliente, mas esta é a primeira parte do processo de atração e recrutamento. Também é fundamental definir quais são os critérios, objetivos e mensuráveis para mapear os parceiros mais adequados e somar essas características ao alinhamento do fit cultural.

Nesse primeiro momento da construção do ecossistema de parceiros, vocês viram todos os benefícios que essa parceria geraria para o modelo de negócio dos contadores que poderiam aumentar sua produtividade sem aumentar custos. Parecia que tudo tinha se encaixado, certo?

Nós achávamos que tínhamos descoberto uma verdadeira fórmula mágica e que, a partir dali, todos os nossos problemas teriam acabado. Mas não foi nada disso. Foi um balde de água fria! Erramos por não reconhecer quais eram as características desse parceiro que passaria a ser o carro-chefe da nossa estratégia.

Quando falamos sobre fechamento de vendas, precisamos de parceiros bons vendedores. E esse não é o perfil padrão que encontramos quando começamos a operar com os contadores.

O perfil mais comum dos contadores era de profissionais que se estabeleciam no mercado principalmente via indicação de outros clientes. Não tinham estratégia, treinamento ou conhecimento em vendas e marketing. Além disso, alguns contadores se sentiam numa situação desconfortável porque a comissão os colocava com potencial de conflito de interesses com clientes.

Precisamos rever os papéis nessas parcerias. Nosso time já era capacitado para vender o ERP e entendia não só do software e dos produtos para contadores, mas falava a língua desses profissionais. Os contadores, por sua vez, eram o vínculo de confiança para conectar o sistema com os clientes finais. Nós precisávamos gerar valor para os contadores para que eles emprestassem sua credibilidade junto aos clientes.

Além disso, a confiança pede por proximidade, então precisávamos ter uma estrutura de atuação regional. Foi por isso que implementamos um formato adicional de parcerias estratégicas: as franquias.

NARA: E qual o papel das franquias nessa nova fase da história?

As franquias representam a marca e os serviços da Omie em uma determinada região ou localidade, recebem treinamento e suporte para atuar como consultores de negócios. São os franqueados que recrutam os contadores e oferecem todo o apoio para a digitalização do escritório que, por sua vez, faz a indicação do sistema Omie para seus clientes.

Esse formato integrado fez com que preenchêssemos todas as lacunas, não só na jornada das PMEs, mas também na jornada dos contadores que são a base para o vínculo com nosso ICP acontecer. Essa integração com os dois canais fez com que criássemos uma estratégia que é muito produtiva e gera resultados reais para todas as pontas – e todo mundo agrega para o ecossistema o que tem de melhor.

* * *

O que é muito interessante na história da Omie com os parceiros é que ela realça como, muitas vezes, para uma estratégia de co-GTM funcionar, você precisa experimentar diferentes abordagens que levem a um único foco:

○ Em nenhum momento, a Omie mudou o seu produto ou resolveu pivotar a solução de novo. Ela tinha um negócio validado e com resultados de mercado comprovados, porém havia a barreira de crescimento;

○ Em nenhum momento, a Omie tirou o foco das PMEs ou dos contadores, mas entendeu que o caminho para conectar esses dois elos só seria possível se outro parceiro estratégico se juntasse ao ecossistema. Assim, os critérios e as características de cada tipo de negócio geraram a proposta de valor robusta que uma solução como esta necessitava para se destacar no mercado.

Prognóstico de maturidade: atração e recrutamento

Antes de seguir, avalie o nível de maturidade do eixo, de 1 (baixa) a 5 (alta).

Componente	Nível de maturidade 1 ... 5		Como avalia sua organização e como poderiam melhorar:
Perfil do Parceiro Ideal (IPP)	Está definido um segmento alvo para recrutar os potenciais parceiros para o seu programa.	As métricas de avaliação do desempenho dos parceiros são claras para toda empresa.	
Qualificação para entrada no programa	Todo parceiro que possui interesse e atende aos critérios estabelecidos confirma a adesão ao programa.	O processo de seleção está estruturado com alinhamento de compromissos na entrada do parceiro para uma relação com foco em médio e longo prazo.	
Canais de aquisição de parceiros	As parcerias ainda são definidas apenas de maneira orgânica ou reativa.	O funil de aquisição de parceiros tem etapas bem definidas e clareza do objetivo massivo ou seletivo em cada fase do programa de canais.	

Agora, faça o cálculo de média aritmética simples neste eixo. Some todos os valores e divida pelo número de questões.

Score final:

Construa seu Octo online:

Capítulo 6

Jornada do parceiro
Capacitação – parte 1

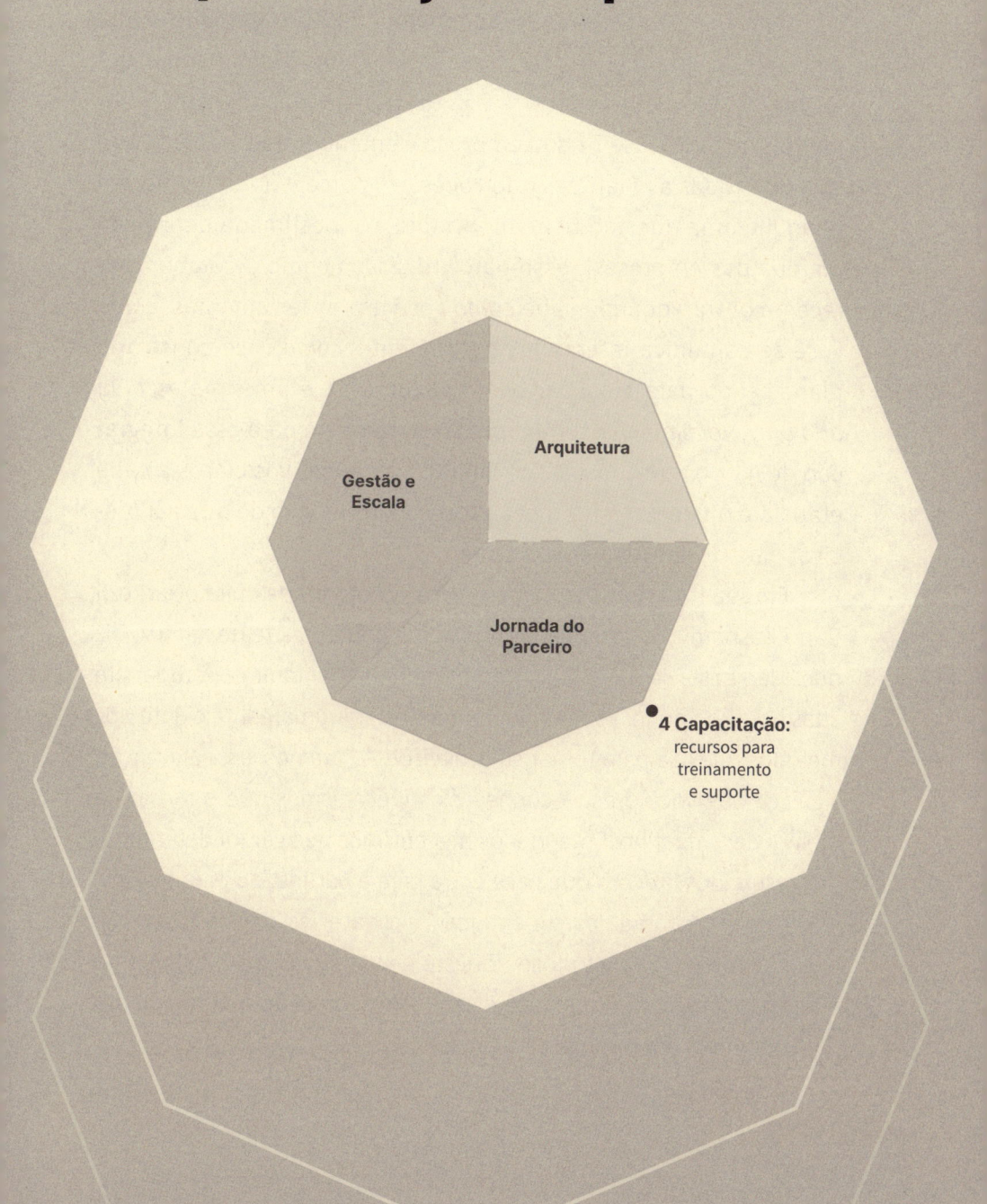

Gestão e Escala

Arquitetura

Jornada do Parceiro

4 Capacitação: recursos para treinamento e suporte

Perfil de cliente e de parceiros devidamente mapeados, critérios e alinhamento de entrada bem definidos, agora é só começar a colher os frutos dessa estratégia que trouxe para sua empresa o potencial de vender mais e gerar mais satisfação para seus clientes, certo? Infelizmente, errado.

Pense no seu parceiro como um novo colaborador que acaba de se juntar ao time. Ele pode até saber como desempenhar determinada função, conhecer – e já ter trabalhado – com as ferramentas que você usa na sua empresa e entender bem a lógica que sustenta todas as métricas que vocês vão perseguir juntos. Porém (e aqui é uma questão bem importante e subestimada pela vasta maioria das empresas), esse parceiro, assim como o colaborador recém-contratado, não sabe *como você* usa as ferramentas, *como você* se comunica interna e externamente, *como você* constrói o plano tático para alcançar os objetivos. Não é um simples *plug and play*, você precisa ter um processo também para essa integração de modo que consiga ter validações e objetivos claros a cada etapa até que o parceiro receba toda a informação de que vai precisar para desempenhar seu papel.

Em seu livro *How life imitates chess* (Como a vida imita o xadrez), Garry Kasparov, ex-campeão mundial e grande mestre de xadrez, diz que "Não basta ser talentoso. Não basta trabalhar muito e estudar até altas horas da noite. Você também deve estar intimamente ciente dos métodos que usa para tomar suas decisões". Para nós, esta afirmação significa que você precisa conhecer os mecanismos que o levam ao melhor desempenho. Entender os mecanismos que geram determinados resultados faz com que você entre para a partida, ou para o negócio, melhor preparado para identificar as estratégias, táticas e técnicas que o ajudam a sair vitorioso. E neste eixo, trabalhamos justamente a forma para garantir que você e seus parceiros terão o alinhamento para operarem em nível de excelência.

Nessa fase, seus objetivos são garantir que todos os novos canais alcançarão o nível mínimo de conhecimento necessário para desempenhar as funções esperadas ao modelo de parceria. Fechar um contrato, se for um revendedor; adquirir e implementar um cliente, se for modelo de valor agregado; e assim por diante. Também é nesse momento que a mágica acontece e a parceria começa de fato.

Toda parceria começa com a venda de uma visão de futuro – discutimos um sonho a ser atingido, seja ele uma mudança no modelo de negócios, uma nova linha de geração de receita ou uma oportunidade de aprendizado. Quando formalmente se inicia a parceria, você busca transformar todo o entusiasmo em um plano de ação, colocando esse parceiro no caminho para gerar resultado. **Seu objetivo é minimizar a curva de aprendizagem e maximizar impacto e valor.**

Pegar atalhos no *onboarding* de seus parceiros é uma falsa economia. De novo, é como pensar no tempo de integração de um novo membro da sua equipe interna. Quanto melhor você estrutura os meses iniciais desse colaborador, maiores serão as chances de que ele vá crescer no seu time. Quando levamos esse paralelo para os parceiros, **a nossa recomendação é que você trace um processo que cubra ao menos os primeiros 30, 60, 90 e 120 dias** de tal maneira que esses marcos estejam vinculados ao ganho de domínio da solução e das intersecções entre vocês, também aos resultados esperados para cada marco dessa jornada. Além disso, outro ponto importante: **é melhor ter no programa menos parceiros, mas que produzem, do que muitos, com baixa performance.**

Sabemos que os parceiros que não percebem resultados no início da parceria desanimam. Por isso, certifique-se de que seu foco inicial seja garantir que eles ganhem dinheiro nos primeiros 90 dias. Adapte seu conteúdo, linguagem e treinamento para atualizá-los rapidamente e encoraje debates construtivos. Torne-se um grande moderador e facilitador.

Exemplo de *onboarding* bem estruturado:

1ª interação	2ª interação	3ª interação	4ª interação
ALINHAMENTO	**VENDAS**	**PRODUTO**	**PÓS-VENDAS**

1ª interação – Alinhamento

○ **Objetivo:** conhecer o negócio do parceiro, alinhar expectativas da parceria e garantir o comprometimento nas próximas fases.

○ **Conteúdos essenciais:**

- Configurações em ferramentas;
- Definição de pontos de contato;
- Apresentação de materiais de apoio;
- Explicação dos processos;
- Esclarecimento dos objetivos de cada parte na parceria;
- Criação de um plano de trabalho;
- Orientação do uso de ferramentas (sistemas integrados, e-mails, serviços de mensagens instantâneas etc.) até o alinhamento do discurso de comunicação (materiais de *branding*).

2ª interação – Vendas

○ **Objetivo:** montar um plano de vendas.

○ **Conteúdos essenciais:**

- Mapeamento de oportunidades;
- Como realizar um bom diagnóstico para o cliente final;
- Como estruturar uma proposta para o cliente final.

3ª interação – Produto

○ **Objetivo:** entender o produto e as suas aplicações.

○ **Conteúdos essenciais:**

- Demonstração de funcionalidades;
- Planos e preços;
- Concorrentes;
- *Cases* de sucesso.

4ª interação – Pós-vendas

○ **Objetivo:** formato e boas práticas de atendimento.

○ **Conteúdos essenciais:**

- Etapas de implantação e *onboarding* do cliente final;
- Métricas de sucesso da ferramenta;
- Boas práticas de atendimento.

Capacitação dos parceiros

Talvez você já tenha ouvido falar sobre a "mágica do efeito composto". Essa expressão se refere ao princípio de que pequenas ações, quando feitas de forma consistente ao longo do tempo, levam a resultados exponenciais por gerar progressão. O efeito composto é como um superpoder que amplifica seus esforços ao longo do tempo, como uma bola de neve que vai ganhando *momentum* a cada dia.

Tomasz Tunguz, empresário e investidor que admiramos, compartilhou uma reflexão sobre o poder do efeito composto que fez todo sentido para nós e cabe bem aqui.[*] Imagine que você se comprometa a melhorar 1% por dia. Ao final de 365 dias, você terminará o ano 37 vezes melhor do que começou:

---

[*] TUNGUZ, Tomasz. 1.01^365 = 37.7. Tomasz Tunguz, 2019. Disponível em: https://tom-tunguz.com/1-01365-37-7/. Acesso em: ago. 2023.

$$1,01^{365} = 37.8$$

Por outro lado, se a sua performance declinar 1% ao dia durante um ano, você perderá 97% da sua performance *versus* o início do ano:

$$0.99^{365} = 0.03$$

Os investidores conhecem bem essa relação de crescimento exponencial por meio dos juros compostos, que é um conceito financeiro relacionado ao crescimento contínuo e acumulativo de um investimento ao longo do tempo.

"Os juros compostos são a oitava maravilha do mundo; aqueles que entendem seu poder o ganham, aqueles que não entendem o pagam", esta é uma frase muito atribuída a Albert Einstein e, embora não tenha nenhuma evidência de que ele realmente tenha afirmado isso, a mensagem não se torna menos verdadeira.

Inspiradas por esse conceito, **acreditamos que as melhorias incrementais que a capacitação dos parceiros pode gerar é a chave para o sucesso da parceria,** bem como não tê-las invariavelmente trará o efeito contrário de forma muito evidente.

Entenda: parceiros são uma extensão do seu negócio! Eles são representantes da sua marca tanto quanto qualquer um dos seus colaboradores, e precisam estar bem preparados se você espera bons resultados deles.

Um bom trabalho de capacitação do seu ecossistema busca atender duas necessidades primárias:

1. Transformar parceiros em *top performers,* atingindo eficiência e produtividade máximas;

2. Manter seus parceiros engajados e próximos da sua marca para que continuem entregando resultados com melhoria contínua.

As habilidades de gerenciamento para vencer em uma operação direta são diferentes das necessárias para garantir uma operação indireta bem-sucedida. **Vender ou prestar serviço direto ao cliente é muito dife-**

rente de encontrar, recrutar, treinar, gerir parceiros para que eles possam atrair, converter, manter e crescer o resultado com os clientes.

Ou seja, ao decidir por um modelo de canal indireto na sua operação, **você automaticamente assume a responsabilidade de construir um modelo que requer educação e comunicação contínua com empresas independentes.** Sua empresa vai precisar investir tempo e recursos para ensinar como vender, trabalhar objeções, diferenciar seus produtos da concorrência etc. Se seus parceiros forem afiliados, precisam saber como atrair o público certo. Se forem revendedores, precisam dominar seus processos de venda tão bem quanto seus melhores vendedores. Se forem VAR, devem ser *experts* na sua solução tanto quanto o seu melhor CS. E todos os seus parceiros precisam conhecer o perfil do cliente potencial e atual, a sua jornada (de compra, adoção e expansão de receita) e em qual(is) fase(s) agregam valor, quais são os demais *players* do ecossistema, além de ter acesso a todos os recursos disponíveis para realizar um bom trabalho. Se você é um elo de um ecossistema, saiba que precisa investir tempo nessa capacitação para ser bem-sucedido na parceria.

Estratégia de capacitação

O processo de educação do seu ecossistema requer um plano estratégico objetivo, um trabalho consistente ao longo da jornada do parceiro, assim como o engajamento de várias pessoas na sua organização.

1. Tenha um plano de capacitação

O plano de treinamento faz parte da estratégia de capacitação, mas não se restringe a ela. Além daquele planejamento de 30, 60, 90 e 120 dias, um bom modelo de capacitação inclui treinamentos, recursos de comunicação, ferramentas, eventos e tudo o que for necessário para ter um parceiro pronto para estar no mercado como seu aliado de negócios.

Capacitar seus parceiros significa prover os recursos necessários para atingirem (e por que não, superarem) as expectativas e metas que foram estabelecidas.

2. Fortaleça as conexões entre todos os elos do ecossistema

Um grande diferencial, na maioria das vezes subaproveitado, é a experiência que o parceiro terá nessa jornada de capacitação e engajamento com você e demais parceiros. Toda parceria é composta de decisões racionais e, também, emocionais dos indivíduos que compõem a organização parceira; engana-se quem pensa que o parceiro espera apenas um bom retorno financeiro. **A experiência que seu parceiro terá ao participar das interações com sua empresa será relevante para construir um elo emocional e de confiança. Para isso, as pessoas do seu time envolvidas no processo devem estar genuinamente buscando gerar valor em todas essas interações.**

Já escutamos inúmeras vezes que o maior benefício do programa de parcerias não é o benefício "xyz" (comissão, suporte, treinamento etc.), mas sim a **oportunidade de troca e evolução com os demais parceiros do ecossistema!** Potencialize essas trocas entre a comunidade de parceiros e a geração de valor em cada interação com seu time ao longo da jornada do parceiro.

Lembre-se daquela figura que vimos lá no início do livro, quando mostramos que um ecossistema de parceria promove muitas linhas de interações e é isso que o torna mais forte e difícil de ser quebrado.

3. Tenha claro que é um processo de melhoria contínua

O mercado muda, o cliente evolui e o plano estratégico também precisará se transformar para se manter adequado para as demandas que vão surgir no caminho. Então, é importante ressaltar que o modelo de capacitação também vai depender de experimentos, aprendizados, ajustes de rota e troca de *feedbacks* constantes até que tudo funcione bem e vocês estejam prontos para a escala.

Para colocar essa visão sobre o eixo Capacitação em prática, no próximo capítulo, entraremos nos 5 componentes para estruturar esse plano que é fundamental para o sucesso das parcerias.

Capítulo 7

Jornada do parceiro
Capacitação – parte 2

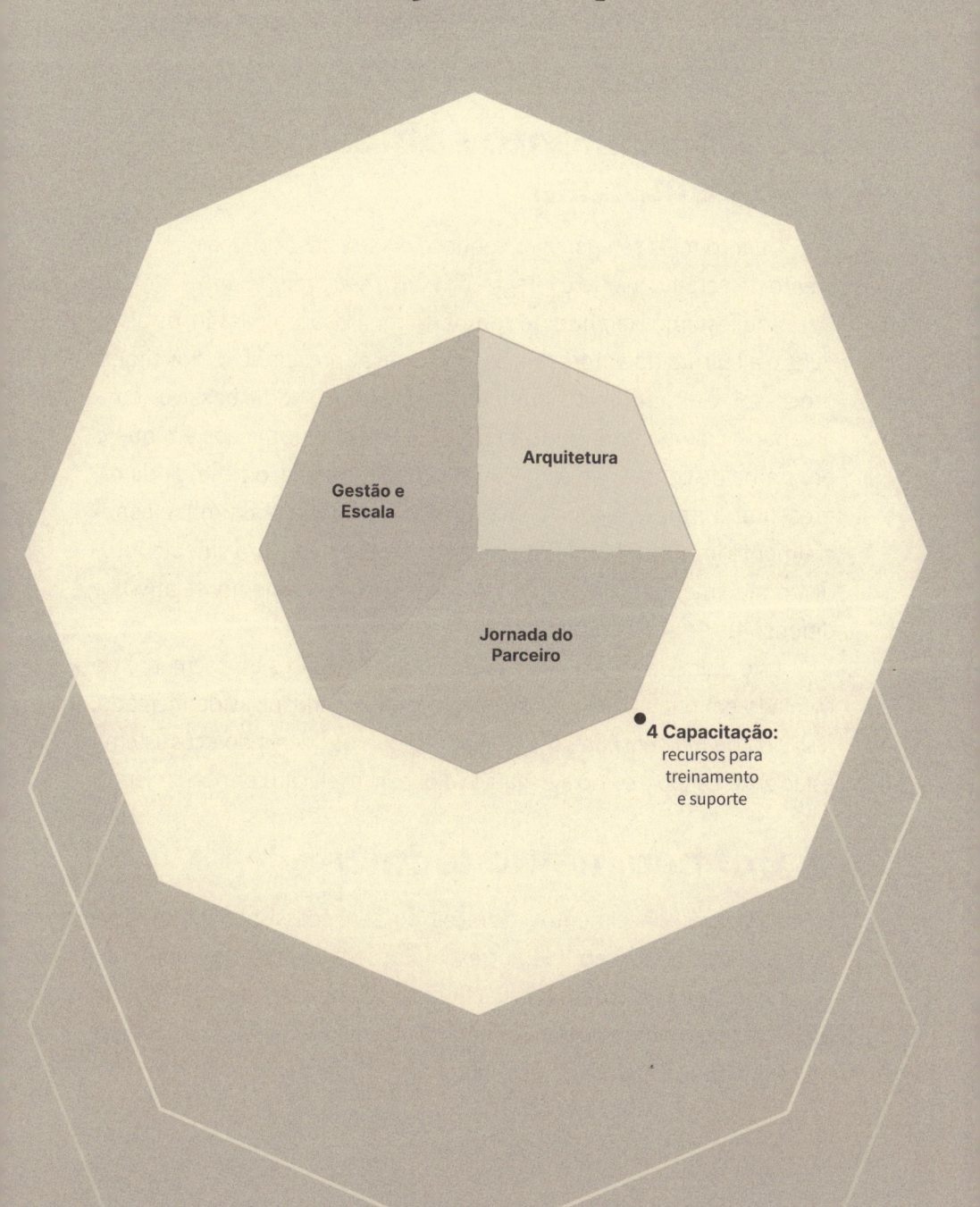

Arquitetura

Gestão e
Escala

Jornada do
Parceiro

4 Capacitação:
recursos para
treinamento
e suporte

O eixo de Capacitação se preocupa em garantir que os parceiros tenham o suporte necessário para desempenhar o acordo que foi fechado e sejam consistentes com as entregas para o ICP, respeitando as diretrizes da empresa que lidera o ecossistema.

Aqui, vamos entrar nos 5 componentes para que essa parceria comece do jeito certo, com base em tudo o que precisará ser compartilhado entre as empresas parceiras a partir do compromisso:

1. Conhecimento sobre a sua empresa

Quanto mais seu parceiro conhece do seu negócio, maior o sentimento de pertencimento e integração com o seu time.

Aqui estamos falando de compartilhar a visão, a missão, os objetivos e a cultura da empresa, passando pela apresentação dos times, processos e produtos da maneira mais aprofundada possível para que não haja nenhuma ruptura pelo caminho. E nos casos em que o programa de canais não exija exclusividade, ou seja, o canal pode representar outras soluções concorrentes (a maioria é assim!), é especialmente importante que os parceiros estabeleçam um vínculo forte de conhecimento e satisfação para que se tornem membros ativos e defensores do seu ecossistema.

Este é um bloco em que cabem também análises do segmento de mercado em que atuarão de maneira conjunta: tendências de mercado, histórico de *market share*, oportunidades que os líderes do ecossistema estão enxergando e como agregarão valor para a relação com os parceiros.

2. Conhecimento técnico

Ensinar conhecimentos técnicos ao seu ecossistema está diretamente relacionado ao IPP. Por exemplo, se você está propondo um programa de parceria em que seus canais possam desenvolver funcionalidades *plug-and-play* para integrar à sua solução, precisa encontrar parceiros que tenham conhecimentos de programação e recursos disponíveis que apoiem nesse desenvolvimento. Um revendedor precisa saber negociar e precificar sua solução, um afiliado precisa conhecer suas melhores práticas de marketing, um VAR precisa ter seu *playbook* de atendimento ao cliente e assim por diante.

Quando falamos de treinamentos de gestão, finanças, negócios ou tópicos mais amplos para desenvolvimento da empresa parceira, não falta polêmica. Alguns negócios se perguntam "mas tenho que considerar investir para meu parceiro ser uma empresa bem gerida?". Bem, embora não seja sua obrigação, talvez esse apoio seja justamente a virada de chave para a parceria ser melhor sucedida.

O ideal é que o seu IPP e sua estratégia de recrutamento atraia apenas parceiros mais bem preparados, mas sabemos que, à medida que o volume de parceiros aumenta, esse tópico pode realmente ser o seu calcanhar de Aquiles. Se seus parceiros são imaturos como gestores, pode faltar a eles a habilidade de gerir bem a própria empresa e isso poderá impactar no seu crescimento.

As melhores práticas de treinamento recomendam combinar a parte teórica (cursos, materiais, vídeos) com exercícios e acompanhamentos práticos (*calls* em conjunto, reuniões e *role-plays**). Idealmente você deve capacitar os seus parceiros da mesma forma que um gestor capacita sua equipe.

3. Validações da aprendizagem

Em uma análise publicada pela Winning by Design, consultoria que citamos no capítulo 3, vimos dados alarmantes em relação à performance dos times de empresas de tecnologia. Segundo a análise, 68% dos times não estão alcançando os objetivos de GTM, 32% têm uma performance média aceitável (alcançam 80% das metas) e apenas 4% têm, de fato, alta performance. Para mudar esse cenário, segundo a consultoria, é preciso mudar a maneira tradicional como fazemos os treinamentos da nossa força de vendas para uma visão que integre

---

* *Role-plays* são um ensaio ou representação da vida real, simulando objeções, dúvidas e antecipando uma situação comum a ser vivida para que os participantes da dinâmica se preparem previamente para o contato com os clientes, por exemplo.

melhoria contínua em ritmo cadenciado, suporte direcionado e foco em objetivos claros e específicos.[*]

É por essa razão que Jacco propõe que, em vez de pílulas de conteúdo estanques sobre as áreas da empresa, que os líderes de ecossistema foquem e selecionem apenas um tópico por período de tempo (uma semana, por exemplo) para treinar o time de vendas - e aproveitamos o conceito para estendê-lo ao treinamento de parceiros.

E mensurar a jornada do parceiro do zero até a alta performance é tão importante quanto educá-lo. Você precisa maximizar a possibilidade de que seus canais atinjam os resultados esperados. É para essa barra de qualidade que ouvimos tanto falar de provas, testes, certificações e requisitos para a evolução na parceria.

Sobre certificações, alguns pontos de atenção:

O Não é fácil emplacar um bom modelo de provas e certificações formais. Com exceção daquelas grandes empresas em que ter uma certificação valoriza o passe do profissional, ou que precisam oferecer uma garantia expressa dados os riscos potenciais de negócio, segurança ou privacidade de suas plataformas; normalmente, as empresas têm dificuldade em exigir testes. O fundamental é saber quais habilidades você quer desenvolver e garantir que essas habilidades sejam aprendidas na etapa correta de seu parceiro;

O No caso de empresas de grande porte, é interessante que as certificações sejam feitas por uma empresa terceira, para evitar qualquer tipo de viés, tendência ou responsabilidade. Ou então, que o processo seja feito de maneira automatizada por meio de ferramentas e tecnologias que não permitam o conflito de interesses. Talvez esse ponto seja preciosismo, mas bastante válido para empresas de grande porte com muitos parceiros;

---

* VAN DER KOOIJ, Jacco e Dominguez, Pablo. The Underperformance Problem in SaaS: How to Lift Up the 40%. Winning by Design, c2023. Disponível em: https://winningbydesign.com/resources/blog/the-underperformance-problem-in-saas-how-to-lift-up-the-40/. Acesso em: ago. 2023.

○ Pensar a certificação a partir do nível de domínio que você quer mensurar nas habilidades do seu parceiro para desempenhar determinada atividade é algo que pode, inclusive, ser um direcionador para a elaboração do plano de treinamento. Essa engenharia reversa permite que você saiba calibrar com mais efetividade o conteúdo que precisa desenvolver e compartilhar com os parceiros;

○ Várias empresas de tecnologia que trabalham com ecossistema também criam distintivos ou selos que podem ser colecionados por profissionais e compartilhados em redes sociais como LinkedIn, valorizando o profissional, o empregador e a empresa emissora do distintivo. A RD Station, por exemplo, é uma dessas empresas. Os profissionais que cumprem o treinamento PEACE, metodologia de gestão de vendas proprietária que se baseia em Processos, Empoderamento, Abordagem, Conversão e Evolução, conseguem emitir um certificado e integrá-lo ao seu perfil no LinkedIn.[*] O Google também oferece inúmeras certificações que são valorizadas no mercado como um todo, desde programas para gestão de projetos até temas específicos como SEO, UX Design e Segurança de Dados. [**] O que temos visto com essas iniciativas não é tanto o foco na quantidade de profissionais certificados, mas como essas validações estão alinhadas com o impacto positivo do desempenho dos parceiros nas métricas de resultado e sucesso do cliente.

4. Métricas e Sistemas

Sobre métricas e sistemas, abordaremos em detalhe no eixo Gestão e Escala. Aqui, portanto, basta dizermos que as métricas e os sistemas escolhidos servem para nos entregar um panorama amplo capaz de oferecer informações a respeito dos investimentos *versus* o impacto nos

[*] RD STATION CRM. RD Station, c2023. Metodologia PEACE. Disponível em: https://www.rdstation.com/metodologia-peace/. Acesso em: ago. 2023.

[**] GOOGLE. Grow with Google, c 2023. Google Career Certificates. Disponível em: https://grow.google/certificates/#?modal_active=none. Acesso em: ago. 2023.

resultados, e de como acompanhar o engajamento e as entregas dos parceiros que fazem parte do seu programa.

5. Recursos disponíveis

Você pode disponibilizar campanhas, materiais de marketing, treinamentos etc.; idealmente, fazer isso de forma organizada em algum repositório compartilhado. Também é importante comunicar as atualizações de forma clara, transparente e contínua como, por exemplo, por uma *newsletter* periódica ou um ambiente online restrito para os parceiros.

Como em qualquer colaboração, o segredo está em acertar o método, conteúdo e frequência para manter os parceiros engajados no seu meio de diálogo com eles.

Alguns pontos adicionais relevantes sobre recursos:

○ Quanto mais maduros e consistentes seus processos, maior a probabilidade da sua empresa ser bem-sucedida ao ensiná-los aos parceiros. A alternativa de ida ao mercado via ecossistema de parceiros requer que os meios de comunicação e alinhamento estejam bem definidos e formatados, anúncios e comunicações de atividades e eventos feitos com mais antecedência, mais tempo de preparação para mudanças e, à medida que sua empresa escalar o ecossistema, requer também ferramentas de comunicação e colaboração disponíveis 24x7;

○ Os parceiros precisam estar preparados para representar a sua empresa em todos os momentos, por isso as novidades e notícias quentes precisam fluir rapidamente para o seu ecossistema;

○ É muito importante que você mantenha uma relação transparente e genuína com os parceiros. Errou? Não tente dar aquela escondida embaixo do tapete, o ideal é trazer o erro à tona de forma prática e objetiva, explicando contexto e plano de correção com prazos definidos e claros.

113

Assim, ao desenhar o plano de *Onboarding* e Capacitação contínua, assegure-se que tenha claro como os cinco componentes serão explorados tanto nos primeiros marcos da relação com os parceiros (o plano de 30, 60, 90 e 120 dias) como também ao longo do tempo para que o processo de capacitação seja contínuo.

É como uma *checklist*.

○ O parceiro tem todo o conhecimento para representar bem o meu negócio e a minha empresa? Conhece nossos valores, cultura e a missão que queremos realizar juntos?

○ Está tecnicamente habilitado para executar o seu papel na jornada do cliente?

○ Do lado de cá, temos as validações de aprendizagem bem definidas para acompanhar a evolução dos parceiros?

○ Conseguimos acompanhar as métricas e ter um panorama amplo que mostra a relação entre os investimentos e o impacto nos resultados da empresa?

○ Todos os recursos para a operação com os parceiros são entregues de maneira estruturada e com uma frequência que os mantêm engajados no programa?

Entrevista: RD Station

o *a-ha* sobre a importância de um bom onboarding

Citamos a RD Station neste eixo porque desenvolveram um alto nível de maturidade na jornada de *onboarding* e capacitação dos parceiros. Por ser uma empresa de soluções de tecnologia para Marketing Digital e Vendas, a RD construiu um portfólio robusto para que uma empresa – independentemente do seu tamanho – consiga nutrir o seu relacionamento com clientes e, assim, crescer de maneira sistematizada. Além disso, eles oferecem todo o suporte para nutrir e desenvolver as várias partes desse ecossistema, como os profissionais de marketing e vendas e os parceiros (agências, afiliados e ISVs). Ao analisar a atuação da RD no mercado, vemos como o papel desses canais é relevante e como, para isso, eles tiveram que estruturar um modelo de *onboarding* eficiente.

A Nara e a Erika Tornice, CRO da RD, conversaram sobre como foi a construção dessa experiência que hoje é um verdadeiro *benchmark* para quem quer trabalhar com parceiros de maneira estratégica e efetiva.

* * *

NARA: Qual a relevância dos parceiros no negócio da RD?

ERIKA: Aproximadamente 40% da nossa receita vem do ecossistema de parceiros, em sua maioria agências de inbound marketing e inbound sales, que é uma categoria criada pela própria RD aqui no Brasil. Essas agências têm perfis diversos e complementam a nossa proposta de valor ao oferecer serviços relacionados ao nosso produto, como implementação e consultoria, mas também adicionando outros serviços, como SEO, construção de websites e gestão de CRM de vendas.

Mapear as empresas que têm perfil para atuar de maneira tão sinérgica conosco não é tarefa simples e, se você não tem um processo para acolher e capacitar os novos parceiros, corre o risco de criar um ecossistema inflado, caro e que pode atrapalhar a experiência do cliente. Então, para alcançarmos nossos objetivos de escala, lucro e eficiência, foram necessárias estratégias e estruturas adequadas para atendimento do canal, um grande foco em capacitá-los, além de recicla-gem contínua do nosso programa para mantê-lo aderente com as inovações e atualizações do mercado.

Como a RD evoluiu a capacitação de parceiros ao longo do tempo?

Rodamos diferentes esforços para identificar melhor o nosso parceiro ideal. Em uma onda recente para entender por que alguns perfis desengajavam, rodamos estudos qualitativos e quantitativos que englobaram toda a base ativa e inativa, desde o lançamento do programa de parceria até o momento atual.

Elaboramos hipóteses de potenciais características e fatores que poderiam in-fluenciar um parceiro a ter sucesso, construídas por todas as áreas envolvidas com o programa. Para estruturar a análise, definimos dois critérios de segmen-tação de performance ao longo do tempo: receita recorrente mensal gerenciada (MRR) e geração de demanda recorrente (um lead indicator para prevenção de churn e que garantia a entrega da proposta de valor do produto). Essas empresas foram, então, classificadas em categorias de receita gerida e estado de "saúde" da retenção dos clientes.

Mas o grande "a-ha" foi que, ao analisar profundamente essas informações, acabamos não definindo o IPP em si, que era o objetivo inicial, mas chegamos à definição de um conjunto de comportamentos e resultados de performance comuns aos parceiros de maior sucesso.

Aprendemos que existia um valor médio de vendas iniciais dos parceiros que viravam top performers - um valor que hoje nos permite avaliar ao sexto mês de parceria se aquela agência tem mais ou menos potencial de ter uma performan-ce sustentável no longo prazo. Também aprendemos uma correlação direta entre os que engajavam em treinamentos e esforços de qualificação desde o momento zero. Somado a isso, vimos que o número de toques do time de atendimento também influenciava esse engajamento.

Esses 2 "a-ha" principais nos fizeram adequar todo o processo de entrada de uma empresa no programa! Readequamos o prazo do onboarding, adaptamos o playbook de atendimento e trouxemos novas configurações desse time de apoio com o foco em garantir que os parceiros que entrassem no programa tivessem a performance identificada segundo os parâmetros do nosso estudo, assim criamos indicadores que já nos mostram um potencial top performer no longo prazo.

Esse estudo foi muito importante para entendermos onde estavam os gaps de educação, como segmentar estratégias de atendimento por perfil de agência, entre outros fatores, que viraram metas da área. Entendemos onde intensificar investimentos e esforços, quais temáticas teríamos que tratar com os parceiros e quando, criamos trilhas de capacitação com KPIs claros para influenciar positivamente a performance das agências no programa.

Como é feito o onboarding dos parceiros novos?

Batizamos um período starter de atendimento, que passou a ser a jornada renovada de implantação do novo parceiro. Estruturamos o processo de onboarding por fase mês a mês, nos primeiros 6 meses. Desde a primeira reunião, já discutimos as metas de crescimento no programa e a estratégia para fazer isso acontecer.

Os papéis nesses 6 meses estão bem definidos, por exemplo, após implementação e ativação da primeira conta é feito o handoff do Implementador para o atendimento ao cliente (time de Customer Success), que fará o atendimento contínuo do canal e apoiará nas estratégias de seus clientes. Temos também a figura do "Farmer Starter", com foco em novas vendas e apoio no processo de briefing, precificação, levantamento de oportunidades e acompanhamento do pipeline comercial do parceiro. Em paralelo, este também é convidado para eventos de imersão e engajamento com outros membros na comunidade, pois fomentar essa troca desde o início é muito importante para gerar conexão e pertencimento. Para todas essas iniciativas, temos um scorecard para acompanhar de perto a prática e maximizar o sucesso de nossas parcerias.

Vocês usam alguma tecnologia para acompanhar este processo de onboarding?

Sim, algumas. Internamente usamos CRM e uma ferramenta de sucesso do cliente, e ambas apoiam o processo de onboarding. O canal não tem contato direto com esses sistemas, mas a nossa operação os utiliza para gestão de todas as informações sobre o parceiro: histórico de interações, performance, carteira de clientes e prospects.

Já no relacionamento direto com as empresas, utilizamos o RD Station Marketing para o processo de comunicação segmentada sobre campanhas, treinamentos, lançamentos etc. Ao longo do Onboarding, utilizamos uma ferramenta de Gestão de Tickets e atendimento para realizar o processo de suporte técnico e financeiro; o nosso Partner Hub (um sistema customizado no CRM que processa e cruza os dados de todos os sistemas que utilizamos) para disponibilizar para os parcei-

ros todas as suas informações de performance no programa, carteira de clientes, produtos contratados, comissão etc. Esse último nos auxiliou muito com a experiência e satisfação, pois passaram a ter todas as informações centralizadas e atualizadas em tempo real, o que é muito importante para o seu processo de adaptação ao contexto da parceria - antes essas informações ficavam pulverizadas nos nossos diversos sistemas estáticos.

* * *

Talvez a sua empresa ainda não tenha a necessidade ou mesmo a estrutura necessária para implementar tantas tecnologias no processo de *onboarding* e capacitação como fez a RD. No entanto, o que queremos destacar nesse exemplo tão robusto para o mercado é que **a maneira como você apoia o parceiro no início da jornada diz muito sobre como ela vai evoluir ao longo do tempo.**

Os marcos que atestam que o canal está bem integrado com as soluções e o time, que tem alinhamento cultural e está colhendo frutos positivos a cada passo que cumpre, são fundamentais para que você encaminhe essas parcerias para o ciclo de aceleração.

Então, não se esqueça:

O A fase de *onboarding* é chave para o parceiro perceber o valor do programa e acelerar o crescimento na operação conjunta;

O Critérios objetivos e mensuráveis contribuem para parcerias mais transparentes e evolutivas;

O Saiba quais são os resultados que os parceiros devem alcançar para que isso determine os passos do plano de treinamento.

A capacitação é uma jornada contínua, sempre há novas habilidades e oportunidades de melhoria.

Prognóstico de maturidade: capacitação

Antes de seguir, avalie o nível de maturidade do eixo, de 1 (baixa) a 5 (alta).

Componente	1	Nível de maturidade	5	Como avalia sua organização e como poderiam melhorar:
Estratégia de capacitação	O plano foi definido e implementado recentemente ou com poucos recursos.	O plano de capacitação já passou por fases de teste, ampliação e tem atualização constante e apoio sistemático e estruturado.		
Jornada de onboarding	Há um processo simples – ou ainda manual – para treinar parceiros novos.	Os parceiros passam por um processo de onboarding ao longo de um prazo de tempo definido, diverso, com métricas claras de geração de valor em cada interação conjunta com cliente.		
Jornadas de capacitação contínua	O conteúdo distribuído é genérico, ainda sem muito engajamento ou retroalimentação dos parceiros. Encontramos alguns pontos de gargalo na comunicação.	Os conteúdos são produzidos, distribuídos e comunicados de forma contínua. Os parceiros são engajados em treinamentos e eventos ao mesmo tempo em que os conhecimentos são mensurados e alinhados ao programa.		
Validação do conhecimento	Ainda não há uma validação individualizada do conhecimento que os parceiros possuem.	Os parceiros se interessam pela certificação, pelo selo ou estrutura de ranqueamento propostos pela empresa líder do ecossistema. Essas validações geram reconhecimento pelo mercado e trazem inputs para o programa de parceiros.		

Agora, faça o cálculo de média aritmética simples neste eixo. Some todos os valores e divida pelo número de questões.	Score final:

Construa seu Octo online:

Capítulo 8

Jornada do parceiro
Co-GTM

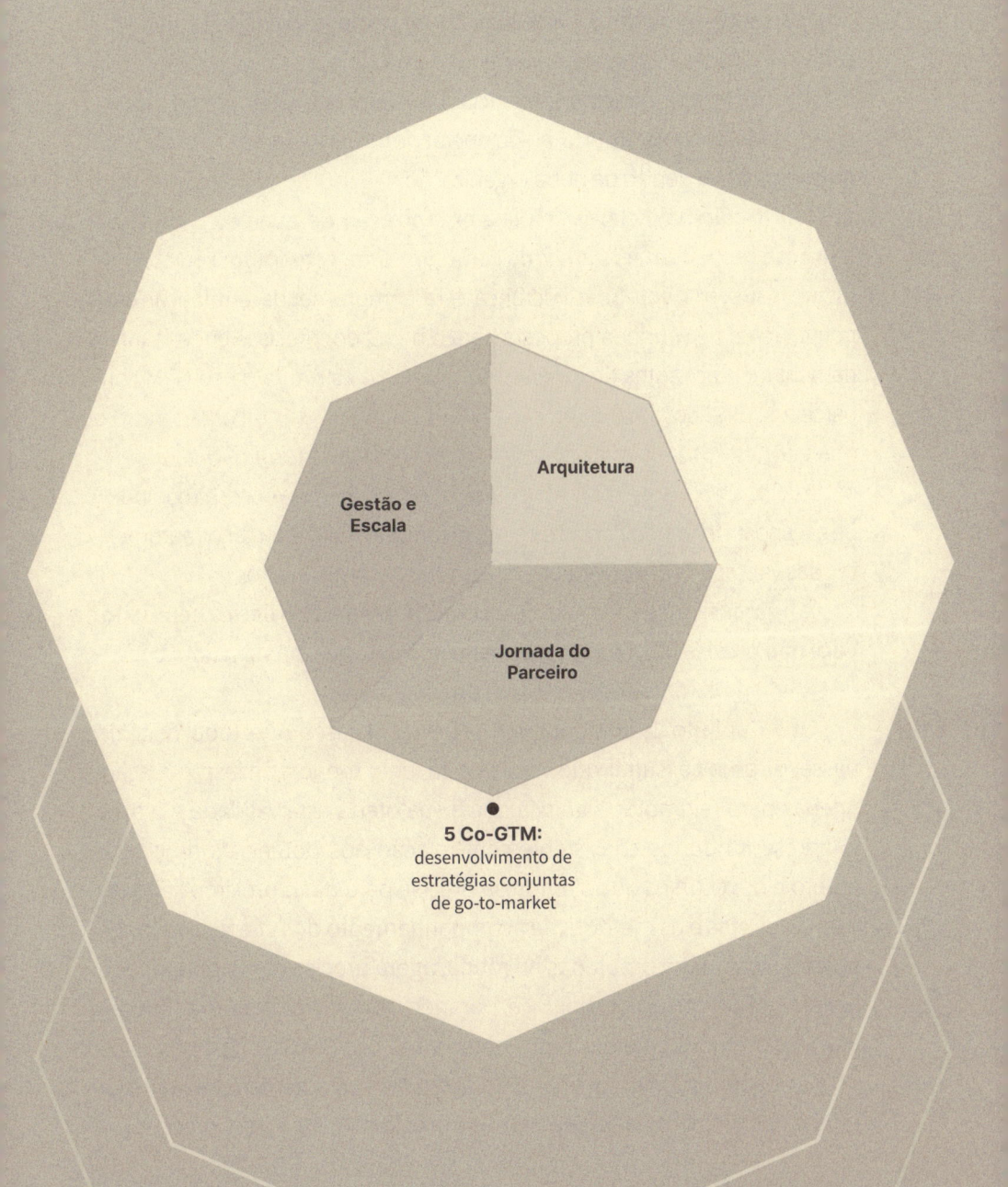

Arquitetura

Gestão e
Escala

Jornada do
Parceiro

5 Co-GTM:
desenvolvimento de
estratégias conjuntas
de go-to-market

Assumindo que o parceiro já passou pela primeira fase da capacitação, agora está na hora de vocês, juntos, irem para o mercado.

Primeiro, é preciso estabelecer que **estamos usando o termo co-GTM como um esforço conjunto de ida ao mercado com seu parceiro**, mas leve em consideração que você pode fazer atividades COM e/ou ATRAVÉS dos parceiros (quando o parceiro assume responsabilidade sozinho de certas atividades). Independentemente do modelo, você vai precisar ter a habilidade de gerir projetos, influenciar ou liderar sem criar uma dinâmica necessariamente hierárquica, ainda operar de forma integrada com diversas áreas e pessoas dentro de outra organização.

Caso não haja clareza na sua organização de que seu time e sua empresa respeitam os parceiros como um time estendido, seu co-GTM ficará insustentável. Se a liderança está comprometida em lançar essa frente, antes dé vender a proposta para o mercado, precisa vendê-la internamente. Então, antes de montar seu modelo e estrutura de co-GTM com parceiros, olhe novamente no espelho e se pergunte se sua organização e operação estão realmente no modelo mental correto e prontos para superar os desafios de alinhamento e engajamento durante esse processo conjunto. Se a resposta for *ainda não,* use este eixo também para reforçar os argumentos das vantagens de estruturar uma estratégia com parceiros.

Diríamos que aqui o foco será começar por fazer o básico bem-feito. Você não precisa fazer coisas altamente inovadoras, mas sim uma boa diversidade de esforços integrados e com qualidade.

No Capítulo 1, comentamos sobre as 4 fases que todo negócio passa, e vamos assumir que você já está, pelo menos, na fase 2 -Tração. Apenas para relembrar, significa que a sua oferta está validada e o time já apresenta dados consistentes em relação aos potenciais de crescimento e os recursos que a empresa precisa para dar o próximo salto. As vendas diretas e as métricas de acompanhamento dos clientes ao longo do tempo estão incorporadas na rotina, agora precisa complementar ou revisar sua proposta de valor incorporando os parceiros – que já têm objetivos e métricas para perseguir, como vimos nos eixos anteriores.

Chegou o momento, então, de entender exatamente como engajar seus parceiros na **jornada de compra do cliente.** Para isso, precisamos olhar o eixo de co-GTM a partir das principais áreas de operação e responsáveis por atrair e nutrir seus clientes: as áreas de marketing, vendas e CS.

Marketing

Marketing é a arte de entender e influenciar comportamentos e aumentar o engajamento ao longo da jornada do cliente. Com a evolução dos hábitos de consumo e da experiência de compra, o time de marketing assume papel de protagonismo ao longo da jornada do cliente e do parceiro.

É comum pensarmos em marketing como "geração de demanda e marca", porém, embora sejam atividades importantes, não traduzem completamente **a maior responsabilidade da área de marketing que é sustentar toda a jornada do cliente.** Por exemplo, o time de marketing apoia lançamentos de novos produtos e ofertas para a base de relacionamento da marca, facilita esforços de comunidade com clientes, faz eventos para fortalecer vínculos e gerar receitas novas.

Dentre as principais responsabilidades da área, temos:

○ **Alcance:** aumentar o contato de potenciais clientes (*prospects*) com os canais da marca, como redes sociais, site, *newsletters* etc.;

○ **Engajamento:** por meio de ações de educação e relacionamento dos clientes com a marca, especialmente para que o vínculo com os clientes não fique exclusivamente dependente dos parceiros;

○ **Receita:** gerar oportunidades para aumento das vendas por meio de ações voltadas à aquisição, renovação e/ou expansão das suas ofertas. Aliás, quando integramos os parceiros na frente de geração de demanda, há um conceito chamado *Ecosystem Qualified Leads* (EQLs), em português seria *Leads Qualificados pelo Ecossistema*, que se refere a contatos que chegam para a sua empresa diretamente por afiliados, revendedores, eventos ou outras ações de comunicação promovidas pelos parceiros[*].

---

[*] RAMIREZ, Olivia. Ecosystem Qualified Leads (EQLs) and How to Use Them. Crossbeam, 2020. Disponível em:https://insider.crossbeam.com/resources/ecosystem-qualified-leads-eqls#:~:text=Ecosystem%20qualified%20leads%20are%20net,a%2060%2F40%20split). Acesso em: ago. 2023.

Se você trouxer parceiros para fortalecer seus resultados em marketing, estamos falando de construir uma estratégia de co-Marketing. E um bom ponto de partida é planejar responsabilidades, atividades e investimentos conjuntos.

Responsabilidades de co-Marketing

Em ações de co-Marketing, você pode ser o protagonista da atividade ou ser um apoiador. Pode pegar carona no sucesso e reputação de seu parceiro quando ele já tem autoridade construída em uma área que é adjacente a seu negócio ou ter presença em uma geografia em que você ainda não atua, por exemplo. Em essência, co-Marketing está muito relacionado a emprestar credibilidade para o ecossistema.

Seja você o protagonista ou apoiador, a recomendação aqui é começar por atividades que já tenham ROI (retorno sobre investimento) comprovado, mas que poderão ter mais alcance quando realizadas em colaboração.

Em geral, o parceiro protagonista na relação é quem dita a estratégia de construção de marca ou de mídia para as ações, e também é o responsável por criar conteúdo de qualidade e diretrizes para que os parceiros tenham todos os recursos de comunicação necessários para desempenharem seu papel nas campanhas.

Os passos essenciais para orquestrar um plano de co-marketing são:

○ Construir estratégia e plano de marketing incluindo atividades e recursos de co-marketing;

○ Comunicar este plano de forma clara para todos os elos;

○ Compartilhar materiais e recursos em um sistema ou repositório acessível a todos;

○ Treinar os parceiros periodicamente para entender quais recursos estão disponíveis e como usá-los;

○ Facilitar uma lista de profissionais ou agências de marketing que possam apoiar os parceiros em seu plano de marketing.

Investimentos em co-Marketing

Delegar totalmente o investimento e a tarefa de gerar demanda e construir mercado para os parceiros (como um distribuidor ou representante) está, em sua maioria, fadado ao fracasso. É improvável que qualquer parceiro esteja preparado para fazer os investimentos necessários para construir mercado contando apenas com uma porção do faturamento futuro da parceria entre vocês. Quando isso acontece, normalmente estamos diante de um modelo de *biz dev*.

A prática de mercado é que os investimentos financeiros nas atividades de co-Marketing sejam proporcionais à distribuição dos resultados. Em um cenário de equilíbrio total, estaríamos falando de dividirmos igualmente os custos da operação e a receita gerada, no entanto sabemos que não é assim que acontece na maioria das vezes.

Incentivos de marketing

Dentre as diversas práticas de marketing, uma das mais tradicionais é conhecida como *Marketing Development Funds* ou simplesmente MDF. A tradução literal *fundos para desenvolvimento de Marketing* já nos dá uma boa noção do que significa: é um auxílio financeiro predestinado à geração de negócios, ou seja, não pode ser alocado para outras despesas internas do parceiro. Embora alguns formatos de repasse de valores não permitem que você tenha controle total de como o recurso está sendo efetivamente usado, como em modelos de comissão ou entrega de algum bônus, é fundamental ter métricas atreladas ao resultado que espera ver nas entregas dos parceiros.

Independentemente do modelo da parceria, sempre existe um custo atrelado à aquisição dos clientes, mas, especialmente em vendas mais complexas, esse custo pode ser tão oneroso para o parceiro que, se ele não tiver fluxo de caixa, isso pode inviabilizar a geração de novos negócios.

Ao enxergar MDF como um instrumento de capacitação e incentivo para estimular comportamentos que são interessantes para empresa, ele se torna efetivo quando você consegue identificar o que os parceiros realmente precisam para gerar mais vendas. Os recursos de MDF podem ser destinados, por exemplo, a investimentos em mídia (on e off-line), patrocínio ou correalização de eventos, campanhas de desconto, *social selling*, contratação de ferramentas e fornecedores, entre outros. E os valores efetivos costumam ser determinados de duas maneiras:

1. **Verba fixa:** para obter esse incentivo, o parceiro pode ter que cumprir alguns requisitos, como nível de resultados no programa, certificações etc. Ao ser qualificado, o valor pode ser repassado diretamente ou via reembolso, quando o parceiro arca com as despesas dentro do orçamento definido. Qualquer que seja a opção escolhida, as políticas de prestação de contas devem sempre ser respeitadas;

2. **Percentual da receita gerada:** outra forma de definir esse orçamento é ancorá-lo pelo volume de negócios que o canal trouxe em determinado período, atrelando o valor a ser recebido à performance.

O MDF é utilizado como uma forma de construção de visão em longo prazo para a relação com os parceiros, ao mesmo tempo em que cria incentivos para manter os critérios de qualidade e credibilidade com aqueles que se associam à sua marca.

Vendas

Se você ainda não tem um time de vendas e um processo bem estabelecido, a pessoa responsável por vender seu produto provavelmente trabalhará para adquirir e reter seus clientes juntos aos parceiros, uma combinação de vendedor com atendimento ao cliente (CS).

Já numa fase mais avançada, com um time comercial estruturado, pode contar com parceiros para abrir portas e fechar negócios. Mas, assim como delegar 100% do marketing para seus parceiros é um caminho fadado ao fracasso, também **é uma ilusão achar que alguém ou alguma coisa vai vender por você de forma orgânica quando você é o protagonista naquela relação.**

Como falamos no capítulo anterior, é essencial treinar os parceiros garantindo que conheçam todos os atributos de sua oferta e a capacitação esteja atrelada à geração de receita, tudo sempre via diálogo e documentação dos aprendizados para que a melhoria dos processos seja contínua.

Para a força comercial conjunta, damos o nome de estratégia *co-sell* e, para que ela funcione, algumas práticas recomendadas variam por perfil de audiência e incluem:

○ **Trabalhar em um pipeline de leads combinados:** dar contexto para o parceiro pode ser muito valioso para acelerar o alcance das metas. Você pode compartilhar com ele o mesmo fluxo que faz parte da rotina de sua empresa, incluindo acesso à sua rede de influência, orçamento das frentes em que ele terá participação e/ou fatores-chave para decisão e datas mais importantes. Os parceiros precisam entender a importância da velocidade no processo de vendas; criar um sistema compartilhado que traga a visibilidade do fluxo completo da jornada dos clientes é um mecanismo para manter a todos na mesma página – e no mesmo ritmo. Principalmente, para garantir que o processo de vendas não se alongue demais, correndo o risco de deixar uma oportunidade esfriar, ou pior, estressar o seu time ou o cliente;

○ **Criar atividades recorrentes para gerar leads para os parceiros:** é prática de algumas empresas ter estratégias de atração que alimentem os canais com potenciais oportunidades de venda. É importante ter cuidado ao fazer este compromisso ou promessa, pois pode gerar parceiros mais acomodados ou simplesmente não ser possível seguir gerando volume ao expandir seu ecossistema.
E um ponto de atenção aqui: nesta dinâmica, uma situação de conflito típico é a discussão sobre quem é "o dono do *lead*" – o parceiro ou o vendedor interno? Empresas que não têm um processo

de vendas documentado ou uma ferramenta de CRM sofrem mais com esse tipo de situação, pois não terão um processo de registro desses *leads* ou a ferramenta certa para acompanhá-los. Para evitar que isso aconteça, construa um SLA (*Service Level Agreement*, em português, Acordo de Nível de Serviço) para alinhar expectativas em relação ao perfil, quantidade e periodicidade de repasse de *leads*. Por exemplo, depois do lançamento de uma campanha, pode ser que você acabe tendo um pico de *leads* que sua equipe de vendas que não dará conta de atender com qualidade. Então, nesse momento, há uma boa oportunidade de compartilhar a demanda e garantir velocidade no atendimento;

○ **Apresentar seus parceiros para os clientes da sua base e vice-versa**: existem ferramentas que ajudam a identificar qual parceiro pode ter mais influência em uma negociação específica para que processo de venda flua com mais naturalidade. Além disso, às vezes, você tem uma base de clientes antigos que está praticamente inativa e poderia direcionar os parceiros para operacionalizar uma estratégia de reengajamento da base, oferecendo condições especiais para os clientes retomarem o relacionamento com sua oferta;

○ **Fazer reuniões ou esforços de vendas conjuntos:** ocasionalmente, o parceiro é o especialista na venda e sua participação pode trazer credibilidade e aumentar o ticket médio das suas negociações. Ao criar essa iniciativa, você também pode estabelecer meios para que os vendedores internos sejam introduzidos a novos parceiros de maneira recorrente e estimulados a criar oportunidades para o maior número de elos do seu ecossistema. Sem uma rotina que incentive essa alternância, é possível que alguns tenham acesso a mais negócios do que outros sem critérios objetivos por simplesmente conhecerem melhor o time interno, deixando de lado critérios importantes como as avaliações dos clientes que são atendidos por eles e o estímulo para que novos parceiros gerem resultados rapidamente.

Modelo de remuneração do parceiro

Compreender as nuances dos diferentes tipos de estruturas de comissões de parceiros ajudará você a escolher aquela que melhor se adapta à sua empresa e às suas necessidades. Definir uma estrutura de comissão transparente incentiva revendedores e fornecedores a aumentarem suas próprias vendas e indicar novos clientes para você. O resultado é um aumento da própria base de clientes. Existem diferentes tipos de comissão:

○ **Comissão por receita gerada:** a comissão por receita é um modelo no qual um parceiro de canal recebe uma porcentagem predeterminada da receita gerada pelas vendas realizadas a partir de suas indicações ou força de vendas. Pode ser atraente para parceiros motivados pelo potencial de ter ganhos mais altos com base no desempenho de vendas, seja com um pagamento percentual do valor total da transação ou um valor fixo por cada negócio fechado. Essa é uma das estruturas de comissão mais utilizadas por afiliados, revendedores e parceiros de valor agregado;

○ **Comissão por margem:** a margem bruta (*gross margin*) é uma estrutura de comissão semelhante à comissão por receita, pois é calculada sobre a receita bruta gerada, que considera o lucro de cada venda descontando o custo da operação.
Pode ser um modelo interessante para empresas focadas em manter uma forte margem de lucro, pois incentiva os canais a se concentrarem na venda de produtos ou serviços com melhores margens;

○ **Comissão escalonada:** a comissão escalonada é um tipo de comissão em que o canal recebe um percentual de comissão diferente com base em seu resultado de vendas ou em outros critérios específicos. Isso pode efetivamente motivar e incentivar os parceiros a alcançarem níveis mais altos de desempenho.
Para algumas empresas, o valor máximo dessa comissão é "ilimitado", o que significa que não há limite para o número de vendas pelas quais um parceiro pode receber benefícios. Tudo precisa ser

considerado na matemática financeira que discutiremos no capítulo sobre gestão do ecossistema.

Uma estratégia de *co-sell* vencedora tem como princípio que a cooperação será estimulada sempre que possível. Embora não possamos evitar certo grau de competição entre os vendedores, **devemos estar muito mais preocupados em ter nossos parceiros de canal competindo com nossos concorrentes do que entre si.** Para esse objetivo, normalmente, definimos uma segmentação de mercado que especifique onde operamos diretamente e onde não estaremos em concorrência direta com nossos parceiros.

Uma ferramenta importante para os passos iniciais é definir uma matriz de mapeamento de contas, que você pode construir a partir da referência simples abaixo:

	Clientes do parceiro	Oportunidades do parceiro	Prospects do parceiro
Seus clientes	Construir uma **integração** de **tecnologias** e **Estudos de Caso**	Fornecer **contexto** aos **Parceiros**	Coletar referências de **Faturamento**
Suas oportunidades	Fornecer **contexto** aos **Parceiros**	**Soluções** de venda e **Marketing** conjunto	**Vendas** conjuntas e **Marketing** conjunto
Seus prospects	Fornecer **contexto** aos **Parceiros**	**Vendas** conjuntas e **Marketing** conjunto	**Vendas** conjuntas e **Marketing** conjunto

Tabela adaptada de:
https://insider.crossbeam.com/resources/improve-activation-rates-co-onboard-with-partners

Vender via parceiros é desafiador porque você está tentando motivar pessoas sobre as quais não tem influência direta. Se um vendedor interno não atingir a cota, você pode tomar medidas como colocá-lo em um plano de desempenho ou desligá-lo do seu quadro de colaboradores. Se um parceiro não está vendendo... Bem, além de buscar capacitá-lo, não há muito o que você possa fazer, além de "despedi-lo" do programa. Essa geralmente não é a opção mais desejável e deve ser escolhida apenas em último caso, depois de ter tentado genuinamente encontrar soluções para mudar a performance do parceiro de forma sistemática.

Sucesso do cliente

Antes de entrar nos detalhes de co-CS, é importante falar um pouquinho sobre conceitos e objetivos, dado que **CS é um indicador crítico de receita.** No entanto, o primeiro impulso é pensar em "satisfação do cliente", misturando CS com outras métricas como CSAT, NPS, entre outras, que, embora tenham objetivos complementares, são medidas de formas diferentes.

Vamos, então, a algumas definições:

○ **Satisfação do cliente (CSAT):** diretamente relacionada à diferença entre a expectativa do cliente sobre algum serviço ou produto e a realidade do que recebeu. Logo, para satisfazer os clientes, é necessário conseguir reduzir ao máximo essa diferença e buscar encantar o cliente superando as expectativas. Um cliente satisfeito é a melhor estratégia de negócios;

○ **Experiência do cliente (CX)**: aqui temos um olhar atento para todos os pontos de contato do cliente com a empresa. Os times de CX têm como objetivo não apenas resolver ou atender às expectativas que ele tem com o produto ou serviço que adquire da sua empresa, mas gerir a voz do cliente como metodologia e construir um vínculo emocional e duradouro entre as empresas;

○ **Sucesso do Cliente (CS):** por fim, sucesso do cliente visa ao impacto no negócio e à geração de valor para o cliente ao longo de sua jornada. Não há consenso de qual a principal métrica para CS, mas nós defendemos que seja a geração de receita, ou seja, como a construção do relacionamento com o cliente se transforma em oportunidades de preservar e multiplicar a receita gerada na primeira negociação. Falaremos mais de métricas no capítulo sobre gestão do ecossistema.

As responsabilidades de co-CS

Quando adicionamos um parceiro provedor de serviços à nossa oferta, passamos a ter uma abordagem em duas camadas: o seu negócio pensa em sucesso na perspectiva do parceiro e, também, na perspectiva do cliente. **Metodologicamente, a gestão de sucesso por meio de parceiros começa por planejar o sucesso do próprio parceiro, pois o objetivo é ter um ecossistema lucrativo e satisfeito que queira expandir negócios com os outros elos do ecossistema.**

Para que seu cliente tenha sucesso pelo atendimento de parceiros, a sua empresa pode:

○ **Trabalhar com o parceiro no onboarding do cliente.** O que é muito valioso em um processo de implementação de software, por exemplo. Pense bem, se o cliente não sabe usar seu produto, como vai amá-lo? Então, quando você traz seus parceiros para a mesa desde o início desse processo, em longo prazo, isso pode gerar efeitos positivos compostos: eles podem guiar seus clientes a usar o produto de forma ampla, adotar integrações e completar atividades críticas de maneira que o cliente perceba o impacto da sua solução mais rapidamente, aumentando o potencial de valor ao longo do tempo e diminuindo as taxas de rejeição ou queda de receita;

○ **Encorajar o desenvolvimento de produtos e serviços complementares.** Os modelos de integração e *cross-sell* são uma alternativa muito importante para expansão de receita para o parceiro e para você;

○ **Realizar avaliações da estratégia com o apoio de dados** para que entendam, juntos, as métricas de impacto ou tendência, além de usarem esse momento para analisar a distribuição de papéis e responsabilidades nos próximos passos da relação colaborativa;

○ **Lançar um modelo de comunidade para facilitar a relação de troca e ampliar o suporte entre os próprios parceiros.** Algo praticado por algumas das empresas que citamos como referência na construção de ecossistema;

○ **Direcionar serviços de parceiros para a base de clientes.** Esse tipo de indicação visa gerar valor para o cliente ao longo da jornada ao aproveitar alguma expertise específica do parceiro, atendimento mais próximo e criar estratégias de expansão de receita conjunta.

Um bom exemplo nesse sentido são os esforços de co-GTM da Monday.com, plataforma que oferece um sistema operacional de trabalho para que as empresas criem o próprio ambiente para gestão das atividades do dia a dia de toda a organização com inúmeras possibilidades de integração. As parcerias e seu *marketplace* são os principais *drivers* de crescimento da empresa cuja estratégia de GTM inclui diferentes programas.

A Monday.com oferece aos parceiros acesso ilimitado a recursos, materiais de marketing, eventos, comunidade e suporte em um repositório central no *hub* de parceiros para que tenham todo o apoio necessário no fechamento de negócios e no ciclo de sucesso do cliente. No programa de indicações, por exemplo, os parceiros recebem 25% de comissão dos negócios fechados, além de todos os materiais de marketing e vendas liberados, treinamentos e assistência do time Monday.com para reuniões com clientes que tenham potencial de adquirir a plataforma para pelo menos 30 usuários.[*]

Além disso, também oferecem um fluxo de *leads* para que os parceiros tenham *prospects* qualificados e recursos para investir nas ações de GTM, também possam integrar suas soluções na plataforma Monday.com por meio de APIs. Para que a jornada dos parceiros seja bem-sucedida e devidamente acompanhada, eles usam um PRM (sistema para gerenciamento do relacionamento com os parceiros) que inclui dados, como: acompanhamento dos processos de treinamento, integração e certificações, distribuição e monitoramento dos *leads*, visibilidade de todas as atividades do parceiro, acompanhamento de comissões e pagamentos.[**]

---

[*] MONDAY.COM. Monday.com, c2023. Partners Kit. Disponível em: https://monday.com/partners/partnerskitps. Acesso em: ago. 2023.

[**] STERN, Oren. How monday.com Built Their Partner Program for 3x YOY Growth. Kiflo, 201. Disponível em: https://www.kiflo.com/blog/monday-com-partner-program-growth. Acesso em: ago. 2023.

O ecossistema permite que a Monday.com ofereça um processo de *onboarding* dos clientes mais humano e bem-sucedido. Ela se tornou uma empresa global capaz de entregar experiência local.

Para concluirmos este tópico, há um conceito que tem se tornado cada vez mais popular nas estratégias conjuntas de geração de receita, que é o de *nearbound. Near* significa *próximo* e a ideia aqui é incentivar que aqueles que já confiam na sua empresa – e nas empresas dos parceiros – sejam os primeiros a referenciar a sua oferta, atraindo aqueles que estão próximos e, assim, o efeito de rede para impulsionar o alcance das suas ações. Segundo a Reveal, empresa que cunhou o termo, "*nearbound* consiste em aproveitar todo o poder do seu ecossistema, ou seja, das empresas próximas a você, perto de você, para influenciar todo o seu funil de receita, desde a aquisição de *leads* até a retenção de clientes"*.

É muito importante que você avalie de maneira contínua se suas estratégias de co-GTM estão gerando resultados e quais são as oportunidades de melhoria. A todo momento, é fundamental que perguntas sejam feitas para ambas as partes: quais foram os aprendizados da iniciativa? O que surpreendeu ou não atendeu as expectativas de resultado? O cliente atendido via parceiro tem um LTV maior? Esses são apenas alguns exemplos a fim de mostrar que a visão analítica está no cerne do eixo de co-GTM.

Lembre-se: empresas crescem pela integração entre as áreas que impactam a receita. A oportunidade aqui é fazer isso de forma interdependente aliando-se aos parceiros, porque **grandes produtos nunca vencem bons GTM, mas um bom GTM nunca vence um bom ecossistema.**

* BOUCHEZ, Simon. The Nearbound Manifesto. Reveal, 2022. Disponível em: https://reveal.co/blog/the-nearbound-manifesto. Acesso em: ago. 2023.

Entrevista: Creditas

a construção de uma estratégia bem-sucedida de GTM via parceiros

Para ilustrar o eixo de co-GTM, tivemos a oportunidade de conversar com a Ann Williams, COO da Creditas, uma *fintech* com soluções financeiras em diferentes modalidades de empréstimo, que trabalha em três ecossistemas: imóvel, automóveis e benefícios corporativos. Para oferecer valores de crédito maiores e parcelas e taxas de juros mais baixas, os clientes Creditas podem usar imóvel, carro ou salários como garantia para terem mais acesso ao crédito de qualidade.[*]

Nessa conversa, buscamos entender como a Ann enxerga a construção do ecossistema de parceiros num mercado tão competitivo como é o financeiro.

***

JULIANA: Como a Creditas criou a estratégia de GTM com parceiros?

ANN: Uma boa estratégia de GTM antecipa os desafios de um espaço competitivo. É preciso identificar o mercado-alvo, articular a proposta de valor do produto, elaborar um plano de marketing e desenvolver uma estratégia para canais de vendas e distribuição.

A Creditas tem mais de uma unidade de negócio, mas um bom exemplo de atuação em parceria está no projeto Creditas Partners. Nesse programa, empresas de assessoria de investimento, correspondentes bancários, imobiliá-

---

[*] CREDITAS. Creditas, c2023. FAQ. Disponível em: https://ajuda.creditas.com/hc/pt-br/articles/360007065111-O-que-%C3%A9-a-Creditas. Acesso em: ago. 2023.

rias e corretores podem se conectar com a nossa plataforma para aumentar seu portfólio de soluções de crédito de qualidade para seus clientes.[*]

JULIANA: Você poderia dar mais detalhes de como o Creditas Partners gera valor e engaja os parceiros?

Construímos o Creditas Partners com o objetivo de aumentar os ganhos dos parceiros com um programa de incentivo comercial e a oferta de soluções de liquidez sustentáveis para os clientes das parcerias. Nós trabalhamos com três grupos de perfil de parceiros e desenvolvemos propostas de valor direcionadas para cada um deles. No caso das assessorias de investimento, por exemplo, são parceiros que precisam proteger o patrimônio que seus clientes colocaram sob sua gestão e viabilizar uma solução de liquidez. Então, do lado da Creditas, oferecemos mais acesso a crédito de qualidade, além de personalização e agilidade no atendimento dos clientes dos nossos parceiros, que geram ainda receita adicional por meio das comissões.

Exemplificando com os empréstimos que têm imóvel como garantia, esta é uma modalidade que demanda uma análise criteriosa, por isso desenvolvemos uma jornada de capacitação e onboarding completa para auxiliar o parceiro a ter uma compreensão abrangente do mercado, do posicionamento e da mensagem do produto, damos todo o suporte na elaboração da sua estratégia de promoção e o apoiamos durante os primeiros esforços de venda.

Também disponibilizamos diversos materiais e treinamentos para auxiliar no sucesso da parceria e contamos com eventos para debater as principais dúvidas, divulgar novidades do programa e trocar aprendizados. Nesses eventos, trazemos especialistas para falarem sobre marketing, vendas e crédito. Além disso, temos um time de consultoria dedicado ao atendimento dos nossos parceiros, que alinha a comunicação entre a Creditas e o cliente final no dia a dia.

NARA: Como vocês estabelecem metas e acompanham o sucesso do Creditas Partners?

O sucesso de uma estratégia de parceiros depende totalmente das metas que você definir. Estou dizendo isso porque, ao definir essas metas, você também identifica as métricas que usará para medir o sucesso da iniciativa.

As métricas de sucesso são estabelecidas de acordo com o perfil e segmento do parceiro. Dentre o que avaliamos, alguns resultados são: Volume de indicações,

---

[*] CREDITAS. Creditas, c2023. Parceria Creditas. Disponível em: https://www.creditas.com/parceiros. Acesso em: ago. 2023.

Aderência do perfil indicado, Nível de completude de informações necessárias para avaliação de risco, Tempo médio de contratação do crédito, Satisfação do cliente.

Um dos nossos principais OKRs, por exemplo, busca aumentar a participação do canal de parcerias na área de ecossistema imobiliário. Então, dentre os alinhamentos de incentivo, temos como norteador que aqueles que tenham melhor desempenho tenham mais benefícios, e, ao mesmo tempo, tenham maior contribuição para o atingimento do OKR. Alguns desses benefícios são atendimento comercial consultivo e personalizado, participação em eventos exclusivos, comissões mais atrativas e acesso às novas funcionalidades de tecnologia antecipadamente.

É importante dizer que essa estratégia fez com que a representatividade do resultado de parcerias na área de ecossistema imobiliário aumentasse em 4 vezes em um curto espaço de tempo. Hoje, tornou-se um canal importante dentro da área e uma alavanca de crescimento para a Creditas.

JULIANA: Como a Creditas usa ferramentas para gerir práticas de GTM com parceiros?

Nós construímos um portfólio de ferramentas pensado de acordo com as características e especificações dos perfis de parceiros. Existem três ferramentas: 1. API para integração de jornada; 2. Link parametrizado; 3. Portal do Parceiro.

1. *A API para integração de jornada tem maior aderência para parceiros que possuem um alto fluxo de clientes no seu negócio e não buscam se envolver na intermediação de forma ativa. Então, a API possibilita que desenvolvam uma jornada digital integrada ao sistema que já utilizam para oferecer o produto da Creditas dentro da sua própria esteira de soluções.*

2. *O Link parametrizado é uma ferramenta que nos permite rastrear qual foi o caminho que um novo cliente Creditas percorreu e identificar se ele teve um determinado parceiro como canal de origem. Com esse dado captado, é possível reconhecer o parceiro pela indicação.*

3. *O Portal de Parceiro é uma plataforma de relacionamento entre Creditas e assessorias de crédito e investimento com possibilidade de simular novas propostas de crédito, indicar novos clientes, acompanhar o detalhe de cada proposta cadastrada e receber atualizações sobre o programa de Creditas Partners.*

A construção dessas ferramentas, e principalmente do Portal de Parceiro, foi realizada em conjunto com o grupo de parceiros mais engajados que ativamente trazia as dores e necessidades do seu dia a dia.

O exemplo da Creditas traz aprendizados muito importantes para a construção da sua estratégia de co-GTM e reforça o que discorremos no capítulo anterior:

1. Alinhar as métricas de desempenho com o perfil dos parceiros ajuda a construir um plano tático mais eficiente de GTM;

2. Construir propostas de incentivo ancoradas ao desempenho dos parceiros não é apenas justo, como também estimula o engajamento e acelera o crescimento da parceria. Nunca se esqueça: os dois lados precisam ver o resultado acontecer;

3. Ter um engajamento direto com os parceiros para mantê-los dentro do contexto da sua organização e do seu mercado ajuda-os a estarem bem preparados para representar a proposta de valor do seu negócio. Além disso, é este engajamento que possibilita traçar planos eficientes para superar as dores no dia a dia na parceria.

Antes de seguir, avalie o nível de maturidade do eixo, de 1 (baixa) a 5 (alta).

Componente	1 Nível de maturidade 5		Como avalia sua organização e como poderiam melhorar:
Estratégia e plano de co-GTM	Os objetivos, as fontes de investimentos, os recursos, as atividades, as ferramentas e as métricas de co-GTM podem ser melhor definidos. Mapeamento manual de oportunidades e realização de algumas atividades conjuntas, como campanhas de marketing.	O plano foi testado, ampliado, tem atualização constante e apoio sistemático e estruturado. Há um ritmo constante de revisões de negócio com base em dados e dos feedbacks de parceiros (incluindo inputs de satisfação e suporte de parceiros).	
Metas e incentivos de times	Incentivos apenas para a empresa parceira mas não para times internos, não há política bem definida, muita fricção e conflitos constantes.	Metas claras e indicadores definidos. Os planos de incentivos norteiam o plano de ação dos parceiros e times internos.	
Roadmap de produto	As trocas entre times de produto e parceiros são esporádicas, muitas vezes para minimizar conflitos e acontecem de forma não processual.	Co-construção do roadmap de produto/oferta com comunidade de parceiros e clientes selecionados. Mudanças no produto/oferta comunicadas aos parceiros de forma estruturada, com periodicidade definida.	
Plano de geração de demanda	Clientes-alvo definidos. Grupo de regras para geração e qualificação do lead conjunto definido. Plano em execução, mas sem fluidez.	Política de co-marketing definida e sendo ampliada para incluir as metas e os investimentos (como MDF).ROI claros, acordados e revisados periodicamente.	
Gestão de pipeline	Acompanhamento esporádico do pipeline de vendas, em planilha ou distribuído (ex. em e-mails).	Vendedores e CS do parceiro possuem roteiro de vendas e pipeline compartilhado para aquisição, retenção e expansão de receita. Acompanhamento realizado de forma periódica, estruturada e sistêmica.	
Políticas para minimizar o conflito entre as áreas	Acordos realizados (total ou majoritariamente) de maneira informal.	SLAs documentados em todas as áreas de operação.	
Estratégia de precificação (análise e reajuste de precificação de oferta/produto)	As ofertas são definidas com base no custo ou valores da concorrência, sem processo de revisão interna periódica.	Há uma estratégia de oferta inicial a preços mais acessíveis, permitindo upsell e cross-sell à medida que o cliente amplia o uso. Processo de feedback e input de cliente compartilhado com parceiros para realizar a revisão de preços. Revisão de preços realizada em periodicidade definida, formalizada em contrato com índices definidos.	

Agora, faça o cálculo de média aritmética simples neste eixo. Some todos os valores e divida pelo número de questões.	Score final:

Construra seu Octo online:

3º Movimento:
Gestão e Escala

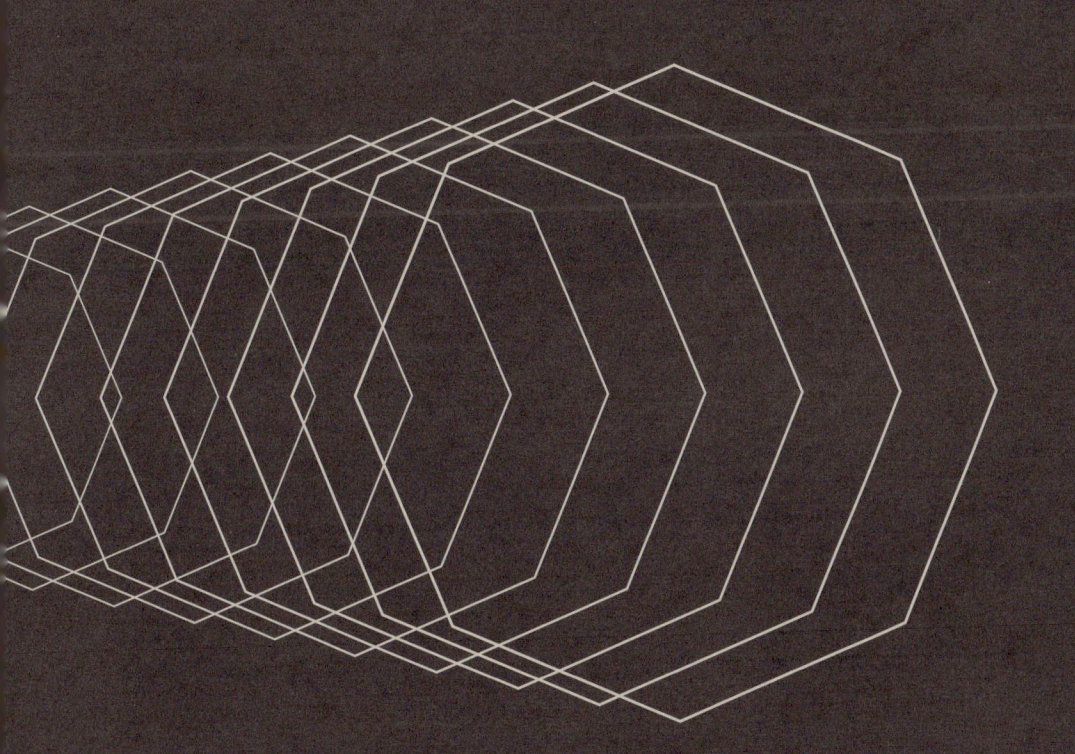

"Como dizem, uma maré alta levanta todos os barcos. E uma parceria, por definição, serve ambos os parceiros, sem dominação ou vantagem injusta. Juntos, temos sido parceiros na adversidade – sejamos também parceiros na prosperidade."

JOHN F. KENNEDY*

---

* Esta expressão se tornou muito popular depois que John F. Kennedy a pronunciou em 1963. Disponível em: https://www.presidency.ucsb.edu/documents/address-the-assembly-hall-the-paulskirche-frankfurt. Acesso: ago. 2023.

Capítulo 9

Gestão e escala
Programa de parceiros

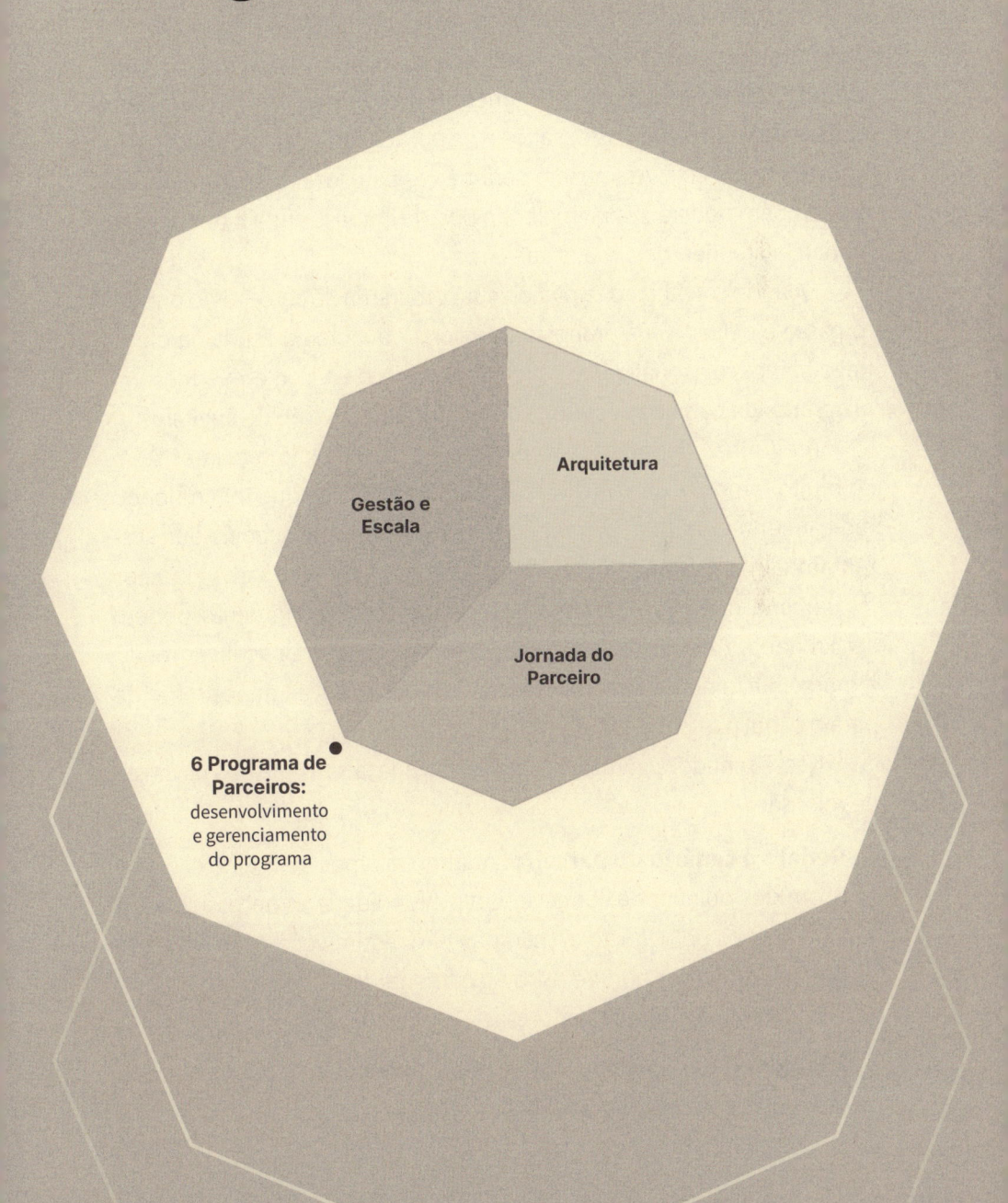

Arquitetura

Gestão e Escala

Jornada do Parceiro

6 Programa de Parceiros: desenvolvimento e gerenciamento do programa

Construir um ecossistema de parceiros com alta performance exige que você desenhe um programa estruturado com níveis, regras e benefícios que seguem critérios e métricas adequadas aos objetivos e expectativas que tanto você quanto os parceiros têm para a relação que estão construindo.

Se você está dando os primeiros passos na estratégia de crescimento via parceiros, a primeira versão do programa será o seu MVP e deve ser um teste controlado, com um número reduzido de participantes, para que você possa avaliar os desafios e os pontos fortes de um modelo de trabalho como este. Assim, terá parâmetros para fazer o programa crescer, também poderá avaliar melhor o tipo de infraestrutura interna que o ajudará a atender melhor aos parceiros.

Quando começamos a planejar um programa de parceiros, o primeiro passo é definir a sua proposta de valor. Enquanto na venda da oferta trabalhamos funcionalidades, diferenciais, preço e valor, **ao vender um programa de parcerias estamos oferecendo uma visão de negócios.**

Programas de indicação, revenda, representação etc. já existem há muito tempo nos mais diversos mercados, mas o que tem mudado radicalmente nos últimos tempos são os modelos de negócio que sustentam essas modalidades de operação conjunta. Por isso, modelos de parceria que são baseados apenas em comissionamento podem ser limitantes; dependendo do negócio, você poderá sacrificar muito a margem e, ainda assim, não ter uma oferta atrativa financeiramente para o canal parceiro.

Nesse sentido, algumas características que fazem uma boa proposta de valor são:

○ **Reflete o cenário do parceiro:** quando falamos do IPP no capítulo 5, um dos objetivos é conhecer em profundidade as necessidades e os objetivos de negócio do seu parceiro, assim você alinhará a sua proposta de valor ao que estrategicamente fará sentido para o que ele busca para a própria empresa;

○ **É tangível:** o parceiro consegue pesar os riscos e as oportunidades que existem ao se associar à sua marca. Principalmente, é uma proposta que não fica só na promessa e, à medida que o parceiro traba-lha, ele colhe os frutos do seu esforço;

○ **Promove crescimento mútuo:** a oportunidade de escalar é real tanto para sua empresa quanto para os parceiros. Inclui novas manei-ras de gerar receita e melhores margens conforme o canal traz mais resultados;

○ **Fortalece a relação:** prevê atendimento *premium* para os parcei-ros que são mais empenhados e dedicados à parceria. Constrói relações sustentáveis e duradouras e, com isso, reduz a chance de bons parceiros abandonarem o programa.

Boas práticas

Nem toda proposta precisa ser cheia de especificidades para en-tregar valor. Se tudo o que um parceiro procura é uma boa comissão e seu negócio entrega isso, pode funcionar bem. O problema surge quando não é só isso o que o parceiro busca e/ou a comissão não é suficientemente atrativa para engajar o canal, seja pelo baixo ticket da solução ou pelo percentual oferecido. Além disso, o valor agre-gado de uma relação transacional – como, por exemplo, afiliados - tende a ser mais baixo, e pode ser um desperdício estratégico pensar apenas nesse aspecto da parceria.

Vemos por aí muitas propostas de valor vazias que giram em torno de palavras de efeito, que prometem aumentar vendas, gerar possibili-dade de crescimento, facilidade de vender o produto etc., mas que não se sustentam com a prática. É por isso que batemos tanto na tecla de que a parceria precisa ser ganha-ganha para ser bem-sucedida.

Em geral, as características que definem uma proposta atrativa são:

○ **Benefícios diferenciados e exclusivos:** se seu negócio precisa de parceiros altamente qualificados com um *know-how* específico, esse tipo de proposta mostra quanto reconhece o valor que o parceiro traz e o premia por isso. Quanto mais exclusivos os benefícios, mais espe-cializados serão os parceiros atraídos;

○ **Utiliza todo o potencial que uma parceria possui:** gera integração com seu produto, fortalece a relação com o parceiro e facilita a oferta de soluções complementares;

○ **Premia parceiros dedicados:** reconhece aqueles parceiros que se empenham mais, ou então, prevê bônus, recompensas ou reconhecimento por esse sobre-esforço. Por isso, os parceiros tendem a fazer mais do que o mínimo;

○ **Considera o ponto de vista do parceiro:** inclui pesquisas ou entrevistas com potenciais parceiros para saber o que eles buscam. As decisões são tomadas a partir de validação de hipóteses, garantindo alinhamento entre o que você oferece e o que os parceiros buscam.

O que queremos reforçar ao trazer esses pontos é que diversas empresas, *startups* e empreendedores individuais têm inúmeras opções de ecossistemas existentes e emergentes com os quais podem fazer suas apostas de parceria. Uma grande base de usuários na plataforma é um fator importante, mas não é o único. Na nossa visão, o que faz toda a diferença é que os parceiros acreditem que o ecossistema é um local onde podem vencer por mérito próprio, pois lá encontram apoio, suporte para a entrada no mercado e liberdade para criarem soluções que se tornarão relevantes e impactantes em seus negócios.

Os componentes de uma boa proposta de valor

Geração de receita

Seu programa precisa resolver algumas perguntas-chave do ponto de vista do parceiro:

○ Como o programa pode contribuir para diminuir os custos operacionais?

○ Como melhora a experiência de seus clientes?

○ Como apoia o parceiro a ter um posicionamento mais relevante no mercado?

Já falamos nos capítulos anteriores que, embora a remuneração não seja o único fator que faz o parceiro procurar a sua empresa, a parceria não acontece sem um potencial de gerar receita e abrir novos negócios. **Ela é a premissa-base da sua estratégia, é a prioridade tanto para você quanto para seus parceiros.**

No capítulo de co-GTM, apresentamos alguns modelos de comissão que podem ser tanto proporcionais quanto fixas. Você pode pagar um valor único para cada oportunidade, *lead* ou venda gerada, ou pode pagar uma porcentagem de acordo com o contrato que o parceiro trouxer. Essa escolha vai depender do seu modelo de precificação. E o pagamento pode ser recorrente (*fee* mensal enquanto o cliente estiver ativo) ou pode ser feito *upfront* (pagamento único após a venda).

No entanto, além desse formato, **é possível que o parceiro também associe serviços complementares na hora de realizar a venda para seu cliente.** Você pode, inclusive, ajudá-lo a ter clareza de quais são os potenciais serviços que pode oferecer e como criar oferta e mensurar os resultados.

Caso você esteja estruturando um modelo de revenda de produtos, vale ressaltar o cuidado com os descontos do fabricante *versus* o preço que o cliente pagará quando fizer a aquisição via parceiros. Se o cliente final, por exemplo, adquire seu produto via canal, mas, ao acessar o site da sua empresa, percebe que, se comprasse direto com você, teria pago um preço mais baixo, essa ruptura na experiência poderá fazê-lo se sentir lesado. Então, tome muito cuidado ao vincular descontos quando seus produtos têm tabela de preço pública.

Como falamos no capítulo anterior, além dos parceiros gerarem demanda para seu negócio, você pode gerar demanda de volta para eles. Isso pode ser feito diretamente, caso a interação com seu cliente tenha alto nível de contato e, por exemplo, seu CS faça uma introdução de um parceiro específico que poderá apoiá-lo. Ou, em modelos que o contato com o cliente é com uma profundidade e frequência menores, essa conexão pode ser feita indiretamente por meio de *marketplaces* ou páginas de divulgação da rede de parceiros e seus serviços. Quando o parceiro avança na jornada desenhada para ele no programa, você aumenta o número de oportunidades geradas em função da maior exposição nos ambientes de contato com o cliente, como blogs, campanhas de co-marketing e até acesso a seu fundo de desenvolvimento de marketing.

Redução de custos do parceiro

A redução de custos operacionais não é um benefício direto, mas uma melhoria que acontece indiretamente. Muitos negócios desperdiçam tempo e recursos por falta de processos claros, métodos de gestão ou mesmo ferramentas que ajudem a gerir o dia a dia.

Especialmente quando seu perfil de parceiro ideal é um negócio pequeno, que não possui tanta infraestrutura, experiência de mercado ou expertise quanto sua empresa, um dos maiores benefícios que você pode oferecer é seu *know-how* técnico e gerencial. Você pode orientá-lo na estruturação de processos de venda, atendimento ou implantação para que ganhe mais eficiência, por exemplo.

É possível também dar acesso a ferramentas para gestão interna do parceiro, assegurando um acesso restrito e personalizável que facilite a vida dele. Por exemplo, há uma linha de soluções que, quando utilizadas pelos clientes dos parceiros, aumentam a produtividade em relação aos custos hora/homem para realizar o atendimento. A Sprinklr, empresa que construiu uma plataforma especializada na gestão da experiência dos clientes (CXM), tem um programa de parceiros com foco em agências de marketing e deixa claro na sua proposta de valor que o uso da ferramenta elimina processos manuais e aumenta a eficiência e economia dos recursos, mensurando, inclusive, com uma calculadora, uma estimativa de redução de custos, para tangibilizar para o parceiro.[*]

Melhoria na experiência do cliente

Tudo o que você oferece para seus parceiros também deve refletir em como os clientes que ele traz se sentirão melhor atendidos na ex-

[*] SPRINKLR. Sprinklr, c2023. Agência. Disponível em: https://www.sprinklr.com/pt-br/agency/. Acesso em: ago.2023.

periência. Não apenas em termos de mais recursos tecnológicos para acompanhar a jornada do cliente, mas também possibilidades de inovação e boas práticas para que a parceria gere melhoria nos fluxos de trabalho e na confiabilidade de dados e informações.

Somado a isso, como vimos no eixo de Capacitação, as certificações e os treinamentos, com seu apoio e atendimento, preparam o parceiro para uma melhor atuação, em maior alinhamento e em maior alinhamento com os padrões de qualidade e posicionamento que você está construindo como líder desse ecossistema.

MVCP: Minimum Viable Channel Program

Apesar de todos esses benefícios serem opções e muitas vezes parecer tentador oferecer todos eles no seu programa, é interessante trabalhar o conceito de *MVCP (Minimum Viable Channel Program)*, o programa mínimo viável para você começar a testar essa estratégia.[*]

O MVCP identifica quais são os itens que você poderá fazer de maneira mais rápida, com menor investimento e que ajudará a provar o valor do programa para seu negócio. Por exemplo, não é necessário ter uma universidade para os parceiros no dia zero, mas um bom *onboarding* é crítico.

Conectando a percepção de valor do programa entre a empresa e os parceiros

Há um exercício que gostamos de provocar as empresas a fazerem para que tenham clareza sobre as dores que a parceria resolve tanto para elas quanto para os parceiros, e como isso é percebido nas entregas do programa. Para facilitar a reflexão sobre o que a empresa precisa com o que o parceiro busca, desenvolvemos o Canva a seguir que ajuda você e o time a lapidar a proposta de valor para os parceiros.

---

[*] Partner Insight. 7 trends in Partner Ecosystems in 2022 with Jay McBain, Principal Analyst at Forrester. YouTube, 07 abr. 2022. Disponível em: https://www.youtube.com/watch?v=s2AWBszaFiM. Acesso em: ago. 2023.

Recomendamos que o preenchimento do Canva seja feito da base da pirâmide para o topo.

○ **Valor desejado:** por que a empresa protagonista do ecossistema busca os parceiros? O que eles entregam de valor para a jornada do seu cliente?

○ **Oferta de valor**: o que os parceiros têm como principal ganho ao se juntar ao programa? Qual a grande contribuição os parceiros recebem como diminuição dos custos, acesso à tecnologia ou clientes qualificados?

○ **Atividade de transferência:** são as ações conjuntas que vocês passarão a desenvolver por meio do programa, as atividades pelas quais os parceiros se tornarão responsáveis.

○ **Valor criado:** é o resultado do programa na perspectiva dos clientes finais.

Estruture os níveis do seu programa

Assumindo que você já executou seu MVCP e o programa está validado, a segunda fase é se dedicar à implementação de uma estrutura mais robusta para o programa. O objetivo de pensar o programa a partir de níveis é implementar boas práticas de gamificação que proporcionam maior controle tanto à empresa quanto aos parceiros, mas também evidencia o crescimento da atuação dos canais. Toda vez que um parceiro atingir certos resultados ou atender certos requisitos, ele sobe de nível e recebe recursos melhores para gerar mais resultados.

A gamificação traz mais transparência e alinhamento no trabalho com parceiros. Para eles, fica evidente quais são os resultados que precisam atingir para acessarem os prêmios e benefícios; para a empresa, é uma forma justa e meritocrática de reconhecimento daqueles que performam bem.

A segmentação por níveis também colabora para que a empresa e o time de parceiros (sobre o qual falaremos no próximo capítulo) consigam dimensionar melhor os esforços, materiais e recursos para oferecer suporte e capacitação contínua aos parceiros, proporcionalmente ao retorno que eles trazem. Então, níveis mais baixos costumam ter menos personalização no atendimento comparados aos níveis mais altos.

Portanto, se de um lado os níveis funcionam como incentivo para seus canais, por outro servem como estratégia de controle e segmentação para o programa. Lembrando que:

○ Os critérios para evoluir de nível precisam estar alinhados com as métricas-chave do seu negócio;

○ Os benefícios entregues a cada nível precisam corresponder aos desafios que o parceiro está enfrentando naquele momento;

○ As regras precisam ser simples de entender.

Não há um número mínimo nem máximo de níveis. O seu programa pode ter quantos níveis achar necessário. No entanto, é difícil saber qual é o número ideal de níveis até que você coloque em prática. Mas uma forma simples e eficiente de operar essa estratégia é utilizar três níveis - quanto mais simples, melhor!

Nessa lógica, os níveis se dividiriam da seguinte forma:

○ O Nível 1 representa parceiros que entraram no programa e precisam de bastante assistência para gerar resultados, seja porque estão há pouco tempo ou porque não conseguiram evoluir;

O O Nível 2 são parceiros que já possuem certa maturidade;

O O Nível 3 são parceiros com a maior performance e melhores resultados, em geral mais independentes.

Essa divisão proporciona duas grandes vantagens: **simplicidade** e **maior controle de investimento.**

Simplicidade para comunicar aos parceiros e segmentar seus esforços. Ter mais níveis proporciona maior granularidade de dados. Isso é fato, mas também adicionam complexidade e isso pode dificultar a visibilidade num primeiro momento.

Você não precisa se comprometer com grandes investimentos logo de início. Os melhores prêmios e bônus estarão no nível três, mas, até que parceiros cresçam e cheguem lá, você terá tempo suficiente para gerar receita e ser capaz de entregar o que prometeu.

Como os parceiros são uma extensão do seu negócio, é crucial que a performance deles colabore diretamente para o crescimento da sua empresa. Portanto, os critérios para subir de nível são os mesmos usados para recrutar novos parceiros. E esses critérios precisam estar intimamente relacionados aos indicadores-chave do seu negócio.

Todas as métricas que são importantes para sua empresa ser lucrativa devem ser transferidas (dadas as devidas proporções) aos seus parceiros. Por exemplo, se você atua no modelo SaaS e seu parceiro atua como *resellers* ou VAR, suas métricas de receita recorrente, novas receitas e *churn* também devem ser exigidas dele. Ou então, se você atua com venda de projetos de grande porte, o valor e a duração dos contratos podem ser critérios de avaliação de seus canais.

Dessa forma, você não precisa gastar muita energia pensando em como promover os parceiros, nem precisa elaborar um plano de comunicação complexo para explicar como essa evolução funciona. Sendo os mesmos critérios que direcionam sua empresa, o que muda são os resultados definidos proporcionalmente à contribuição de cada canal e o alinhamento com o planejamento financeiro da sua operação. **Quanto mais alto o nível, maior será o envolvimento do parceiro na sua operação e maior a responsabilidade de entrega e engajamento.**

Critérios de qualificação

Para que o parceiro esteja apto a subir de nível no programa, é interessante que ele atenda a uma série de critérios que incluem não apenas a performance de vendas, mas também a qualidade da performance.

Acreditamos que há pelo menos três grupos de critérios que devem ser considerados em um programa de parceiros: desempenho, técnico e jurídico.

○ **Critérios de desempenho** são baseados nos indicadores que o parceiro se compromete a trazer todo mês e estão diretamente relacionados ao modelo de parceria pelo qual você optou. Afiliados têm que gerar oportunidades; revendedores, receita; VARs, receita e *upsells*; implementadores, *onboardings*, e assim por diante;

○ **Critérios técnicos** são menos relacionados a resultados, mas têm influência na qualidade do trabalho de cada parceiro. Esses critérios servem para garantir que haja um bom alinhamento no trabalho executado e que a equipe do parceiro esteja bem qualificada. Aqui, entram as demandas de tempo dedicado a treinamento, número de pessoas com certificações ou cursos específicos, tempo de utilização de seu produto etc.;

○ **Critérios jurídicos** são os contratos que o parceiro precisa assinar e as regras do programa que ele deve cumprir para ser elegível a subir de nível. Aqui também entram valores de coparticipação, taxa de adesão ao programa, comprometimento com orçamento para campanhas de marketing, entre outros fatores que se adequem ao modelo de parceria que você está construindo.

Esses critérios servem para manter o acordo formalizado entre as duas empresas e funcionam como um fator binário: ou o parceiro está cumprindo as regras ou não está. Se ele as cumpre, está elegível. Se não, precisa de alinhamento. São critérios estabelecidos no momento do recrutamento e permanecem os mesmos ao longo da parceria e qualquer alteração precisa ser bem comunicada e documentada.

Cuidados importantes

As regras de evolução devem ser simples

Você sabe que as regras do seu programa estão claras quando um parceiro consegue explicá-las para outros parceiros. E esse é o cenário ideal.

A simplicidade aqui significa que as métricas-chave do seu negócio e os resultados do parceiro estão relacionados, e que é evidente o que cada canal precisa atingir para subir de nível. Quanto menos indicadores você usar para avaliar o progresso de parceiros, melhor será para os dois lados. Isso facilitará o trabalho de sua equipe e, para o parceiro, vai guiar o foco para o que realmente importa.

O trabalho dos seus gestores de contas será acompanhar o progresso de cada canal, que também é capaz de analisar o próprio progresso sozinho e mirar nos números que precisa gerar para evoluir. Com o tempo e a evolução do programa, seus parceiros vão se tornando mais maduros, autônomos e responsáveis pela própria performance.

Evite o zigue-zague dos parceiros nos níveis do programa

Além da complexidade de gestão, seja para comunicar os parceiros ou ativar os benefícios, é interessante criar uma dinâmica justa para que as atualizações de nível sejam feitas. Por exemplo, quando um parceiro atinge os critérios para subir de nível, você pode ativar seus benefícios imediatamente e garantir esse nível por um tempo. Mas, quando ele estiver com resultados baixos, em vez de você regredir na hora, o ideal é dar um tempo para ele se recuperar. Esse tempo serve de alerta ao parceiro e dá uma chance de voltar a performar bem porque nenhuma das partes quer que a regressão aconteça.

Estabeleça critérios que sejam atingíveis

Quando estiver definindo quais são os critérios para avançar de nível, cuidado para não criar metas surreais. Há uma linha tênue entre "ser desafiador" e "ser impossível". O ideal é que o parceiro precise fazer um esforço relevante para crescer, mas que este esforço esteja ao seu alcance.

Para que isso aconteça, o ideal é que você revise seus critérios de tempos em tempos – a cada trimestre é uma boa prática. Se você perceber que os parceiros estão subindo de nível com muita facilidade, aumente a dificuldade. Se perceber o contrário, abaixe um pouco a régua – apenas tenha atenção para não mudar a regra do jogo toda hora e seja bastante criterioso para realizar as alterações.

Mantenha uma relação saudável entre critérios e benefícios

A relação entre critério e benefício é muito semelhante à relação de CAC *versus* LTV. Nesse caso, o valor gerado por cada contrato precisa cobrir os custos de aquisição dos clientes. Naquele, o quanto você investe em cada parceiro (benefícios) precisa casar com a quantidade de retorno que ele traz (critérios).

O fato de parceiros em níveis mais altos receberem mais benefícios não está relacionado apenas a uma "premiação" pelo esforço deles. Você tem a possibilidade de entregar mais benefícios justamente porque eles geram mais resultados. Mesmo investindo mais nesses parceiros, o ROI continua sendo positivo e isso é algo que você deve analisar em cada nível.

O risco maior de todo programa de parceiros está no nível 1 porque, como os entrantes ainda não engajaram com seu produto, não demonstraram tanto comprometimento nem geraram tantos resultados, eles estão mais propícios a sair da parceria em curto prazo. Mas com essa estratégia de calcular critério e benefício como ROI, você passa a arriscar menos nesses canais.

Como referência, em um ecossistema maduro de parceiros, o que se observa normalmente é uma distribuição padrão 80/20 em que 20% de seus parceiros são responsáveis por 80% da receita, ou mais especificamente uma estrutura 5/15/80 em que 5% são os parceiros "top",

15% são "potenciais top" e 80% são parceiros menos maduros e/ou menos ambiciosos.

Esta distribuição 5/15/80 funciona mais ou menos assim:

O 5% são seus "top" parceiros e, geralmente, já têm conhecimento de mercado, experiência, preparação e ambição de crescimento acelerado. Esses parceiros sabem gerir seus negócios e construir um time de alta performance. Eles colaboram em um nível estratégico no seu negócio e precisam de menos suporte no dia a dia. Eles contam com a sua empresa para abrir portas, coconstruir estratégia ou novos negócios;

O Os 15% "potenciais top" geralmente têm ambição, mas menos capacidade ou preparação para atingirem o nível máximo de resultado e precisam de um empurrão para realizar seu potencial. Normalmente, têm conhecimentos de negócios menos maduros, no entanto são bons de produto, curiosos, interessados e fazem um bom *fit* com seu ecossistema. Para evoluir esse potencial, precisamos de recursos disponíveis e incentivos para que engajem, dada sua ambição em absorver conteúdo e crescer;

O Os 80% constituem a grande parte do ecossistema e, nesse ponto, surgem muitas dúvidas: como acelerar seu desenvolvimento? Como transformá-los em parceiros top? É perigoso cair na tentação de colocar muita energia nesse grande grupo porque, muitos deles, podem simplesmente não ter a ambição ou a capacidade de gestão de negócio necessárias para o crescimento. No entanto, nem por isso esses parceiros são menos importantes, pois, juntos, representarão uma boa parte do impacto do seu ecossistema e, muitas vezes, poderão ser aproveitados como mão de obra pelos demais parceiros.

O que sua empresa precisa evitar bravamente são os "parceiros fantasmas ou zumbis", que prestam mau atendimento aos clientes ou são desengajados. Se o parceiro está atendendo bem os clientes (mesmo que poucos), não há problema. O importante é que você acerte o modelo de capacitação e engajamento e não "desperdice" recursos tentando resolver o "insolúvel".

Os parceiros na base da pirâmide podem ter suas necessidades supridas com recursos online (*chat*, *call center*, comunicação por e-mail), atendimento menos personalizado e suporte da comunidade. Isso é bem comum, portanto tome cuidado para não inverter a equação e dedicar seus recursos mais caros e preciosos de forma individual nesse subgrupo.

Diferenciação, engajamento e colaboração

Esses são os conceitos por trás das três fases que, segundo Jessica Baker, CPO (*Chief Program Officer*) da Openview, um programa de parceiros deve cumprir no processo de construção de maturidade:[*]

- **Diferenciação:** a definição de como o programa funcionará de maneira que se sobressaia a outras iniciativas no mercado, mostrando o valor que a proposta tem a oferecer para o ecossistema;

- **Engajamento:** como seus parceiros se conectam com você e quais são as estratégias para que se envolvam ativamente na busca pelos resultados e acesso aos benefícios que está oferecendo. Em engajamento, uma das recomendações de Baker é trabalhar a partir dos comportamentos que você quer estimular no seu ecossistema;

- **Colaboração:** como você e seus parceiros trabalham juntos para alcançar sucesso mútuo. Para que a colaboração exista, a comunicação consistente entre você e os canais é a chave.

Conforme seu programa de parceiros evoluir, acreditamos que esses três componentes também serão elevados a níveis de maior performance, qualidade e excelência. Independentemente de você estar desenhando o seu MVCP ou aprimorando um programa já existente, re-

---

* BAKER, Jessica. Creating a Modern Partner Program That Works. Openview, 2018. Disponível em: https://openviewpartners.com/blog/creating-a-modern-partner-program--that-works/. Acesso em: ago. 2023.

flita muito sobre a proposta de valor para o ecossistema, sobre como você contribui para a jornada dos parceiros e, em contrapartida, como eles contribuem para seu negócio.

Novamente: faça com que as regras e os critérios que devem ser respeitados no programa estejam documentados e muito claros para todas as partes, pois uma boa relação entre parcerias é reflexo de transparência e alinhamento constante.

Atlassian
Um programa de parceiros completo

A Atlassian é uma empresa fundada em 2002 que desenvolveu um portfólio de produtos de nuvem voltados especialmente para o mercado de tecnologia, com soluções para gestão de projetos, colaboração, codificação, criação, lançamento e segurança. Entre desenvolvimento próprio e aquisições, é famosa no mundo de SaaS por ser uma das pioneiras na adoção do modelo de PLG (*product led growth*), ou seja, uma estratégia de GTM que transforma o produto no principal vetor de aquisição, retenção e expansão de clientes.

A Atlassian trabalha com quatro modelos principais de parceria:[*]

O **Parceiros de soluções:** consultores, instrutores e referências do mercado que entregam valor por meio de projetos de consultoria, vendas e serviços técnicos para fornecer e implementar soluções para os clientes com produtos da Atlassian. Os níveis do programa reconhecem com profundidade as diferentes expertises de cada parceiro com base no conhecimento dos produtos e performance na parceria;

O **Parceiros de marketplaces:** parceiros que oferecem aplicativos e integrações para os clientes, ajudam a personalizar e ampliar os principais produtos Atlassian. O *marketplace* oferece serviços de cobrança e faturamento, análises de vendas e não cobra taxas de listagem para fornecedores. Assim, as soluções personalizadas se transformam em mais uma fonte de receita para os parceiros;

O **Parceiros de Alianças Globais:** parceiros com experiências no mercado vertical e em transformações de negócios para ajudar

---

[*] ATLASSIAN. Atlassian, c2023. Participe do programa. Disponível em: https://www.atlassian.com/br/partners/join#solution-partners. Acesso em: ago. 2023.

clientes empresariais a evoluírem com integrações ou soluções complementares mais avançadas. São exemplos: PWC, Deloitte e Accenture;

○ **Parceiros de Plataforma:** parceiros que têm integrações nativas com os produtos da Atlassian para que a experiência do cliente seja a mais integrada possível, aumentando a adoção e *lock-in* com os clientes compartilhados. São grandes *players* de tecnologia como Microsoft, Slack, Google, AWS, Adobe, Zoom, entre outros. Para esse grupo, a Atlassian oferece uma *squad* dedicada que envolve time técnico de integração, gestor de contas para iniciativas de marketing e promoção, além de rotinas de planejamento de negócios.

Como vimos no capítulo anterior, a Atlassian também segmenta seus parceiros de acordo com critérios de desempenho que, quando atendidos, desbloqueiam acesso a benefícios mais vantajosos. Além disso, os diversos modelos de parceria permitem que a empresa consiga direcionar o cliente em diferentes momentos da jornada para parceiros que podem apoiar na adoção e engajamento das soluções.

Em entrevista, Rich O'Connell, líder da área de parceiros da Atlassian, compartilhou alguns aprendizados de sua experiência trabalhando com parcerias estratégicas e integrações. Ele disse que uma das transições dos últimos anos é a mudança das empresas para uma visão de plataforma, algo que é muito interessante para as áreas de parceria porque amplia as possibilidades de conexões para desenvolver projetos em conjunto. Como afirmou, "é um ambiente operacional mais complicado, mas também permite integrações muito mais poderosas". Quando questionado sobre os conselhos para a construção de parcerias, especialmente com empresas que competem com o negócio principal, ele respondeu: "Seja criativo, comece pequeno e não pense que precisa ser o novo *big bang* para mudar a indústria. [..] Seja consistente nas mensagens que você está transmitindo para todas as partes. [...] E não se esqueça de que a moeda com a qual todos trabalhamos é a confiança. E a parceria vai sofrer quando qualquer parte dessa confiança for quebrada de alguma maneira."[*]

Para citar um exemplo de como as parcerias foram estratégicas para a companhia, Cameron Deatsch, CRO (*Chief Revenue Officer*) da empresa, escreveu que a "Atlassian percebeu desde o início que o investimento em vendas diretas teria um custo de P&D (*Pesquisa e Desenvolvimento*) muito alto. Em vez disso, fizemos parceria com especialistas para oferecer esses serviços de valor agregado e, assim, nasceu o Atlassian Solution Partners. Depois que a equipe de cada parceiro conclui nosso programa de certificação, o parceiro pode oferecer uma gama de serviços e integrações personalizadas que ampliam nossa oferta, além de vender os próprios produtos. [...] Isso garante que os parceiros possam operar de forma autônoma e, ao mesmo tempo, garantir que a experiência seja consistente para todos os clientes"[**].

A estrutura do programa de parceiros de solução

Para mostrar um exemplo prático, apresentamos aqui o Programa de Soluções para Parceiros da Atlassian, que também é organizado em três níveis.[***]

* GARCIA, Elizabeth. Insights from a Decade of Technology Partnerships with Atlassian's Head of Partner Growth. Pandium. Disponível em: https://www.pandium.com/blogs/learnings-from-a-decade-in-partnerships. Acesso em: ago. 2023.

** DEATSCH, Cameron. 3 ways a partner ecosystem helps your SaaS business grow. Work Life, 2022. Disponível em: https://www.atlassian.com/blog/strategy/flywheel-model--partner-ecosystem. Acesso em: ago. 2023.

*** ATLASSIAN. Atlassian, c2023. Parceiros de soluções. Disponível em: https://www.atlassian.com/br/partners/join#solution-partners. Acesso em: ago. 2023.

Benefício		Prata	Ouro	Platinum
Capacitação	Portal do Parceiro Atlassian	✓	✓	✓
	Academia de Capacitação Atlassian & Capacitação de Produto	✓	✓	✓
	Programas de Certificação e Credenciamento	✓	✓	✓
	Eventos Exclusivos para Parceiros	✓	✓	✓
Marketing	Logotipo do Programa	✓	✓	✓
	Listagem de Diretórios dos Parceiros Atlassian	✓	✓	✓
	Campanhas de Marketing Exclusivas para Parceiros	✓	✓	✓
	Premiação de Parceiros	✓	✓	✓
	Leads	✓	✓	✓
	Fundos de Desenvolvimento			✓
	Patrocínios e Descontos para o Summit	✓	✓	✓

Benefício	Prata	Ouro	Platinum
Vendas Descontos em Produtos	✓	✓	✓
Conta para Pagamento		✓	✓
Referenciamento / Bônus de Contrato de Licença Empresarial (ELA: *Enterprise License Agreement*)		✓	✓
Produtos para Uso Interno	Prata: $100k	Ouro: $200k	Platinum: $300k
Demonstrações e Avaliações de Produto	✓	✓	✓
Apoio Centro de Atendimento para a Academia de Capacitação Atlassian	✓	✓	✓
Gerente de Canal			✓
Benefício de Apoio Prioritário			✓

Para acessar a todos esses benefícios, os parceiros precisam atender a alguns requisitos, que são determinados em duas zonas geográficas baseadas no tamanho e maturidade do mercado. As tabelas a seguir são apenas referências de como podem ser estruturados os requisitos entre níveis.

Exemplo de uma Zona – América do Norte: Estados Unidos e Canadá; e Região DACH: Alemanha, Suíça e Áustria.

Requisito	Prata	Ouro	Platinum
Vendas Atlassian (apenas Novas e Atualizações)	$0	$50.000	$1.000.000
Vendas na Nuvem (apenas Novas e Atualizações)	$0	$15.000	$350.000
Credenciamento de Profissionais de Vendas Atlassian	1	4	12
Credenciamento de Profissionais de Vendas Técnicas Atlassian	1	4	12
Indivíduos Certificados pela Atlassian	1	4	12

A Atlassian entendeu que o seu core *business* era ser uma plataforma baseada em volume, ou seja, a empresa precisava construir uma estratégia para que pudesse atender o maior número de clientes possível a partir dos produtos de tecnologia que desenvolve. Para não tirar o foco da estratégia do produto, construiu uma visão de ecossistema para que os parceiros pudessem gerar alto valor para a jornada dos clientes Atlassian ao mesmo tempo em que essa colaboração gera crescimento e receita para todas as partes.

O programa bem-estabelecido e completo da Atlassian é uma inspiração de como podemos estruturar os requisitos e benefícios a partir de uma segmentação dos parceiros adequada. Esse modelo nos mostra como gerenciar os investimentos operacionais e dar clareza aos objetivos que cada grupo de parceiros deve buscar.

Prognóstico de maturidade: programa de parceiros

Antes de seguir, avalie o nível de maturidade do eixo, de 1 (baixa) a 5 (alta).

Componente	1 Nível de maturidade 5		Como avalia sua organização e como poderiam melhorar:
Percepção dos parceiros em relação ao programa	A parceria não é relevante no negócio da empresa parceira.	A parceria faz parte da estratégia central de crescimento do negócio do parceiro.	
Incentivos do Programa	Programa de incentivos ainda em estágios iniciais de validação. Ainda sem uma estrutura de incentivos que vá além do comissionamento.	Níveis bem estruturados no programa, com trilhas claras de evolução. Benefícios alinhados ao momento do canal, envolvendo estratégias conjuntas de GTM, capacitação e incentivos financeiros.	
Requisitos do Programa	Os requisitos de evolução do programa estão baseados somente em vendas (geração de oportunidades ou volume de indicações), não existe uma periodicidade definida para revisão dos níveis.	Os requisitos de evolução vão além da geração de receita e estão alinhados com outras métricas da empresa, como retenção, atendimento ao cliente e capacitação. Os níveis e benefícios são revisados de forma periódica.	
Suporte e atendimento	Apenas uma pessoa é responsável por toda a jornada do parceiro.	Estrutura técnica dedicada ao canal e com níveis de atendimento específicos para cada fase da jornada.	
Contratos	Existe apenas um termo de aceite para entrada no programa.	Contrato formal e políticas do programa documentadas para incentivos e requisitos (ex.: MDF, registro de oportunidades e campanhas).	

Agora, faça o cálculo de média aritmética simples neste eixo.
Some todos os valores e divida pelo número de questões.

Score final:

Construa seu Octo online:

Capítulo 10

Gestão e escala
Time de parceiros

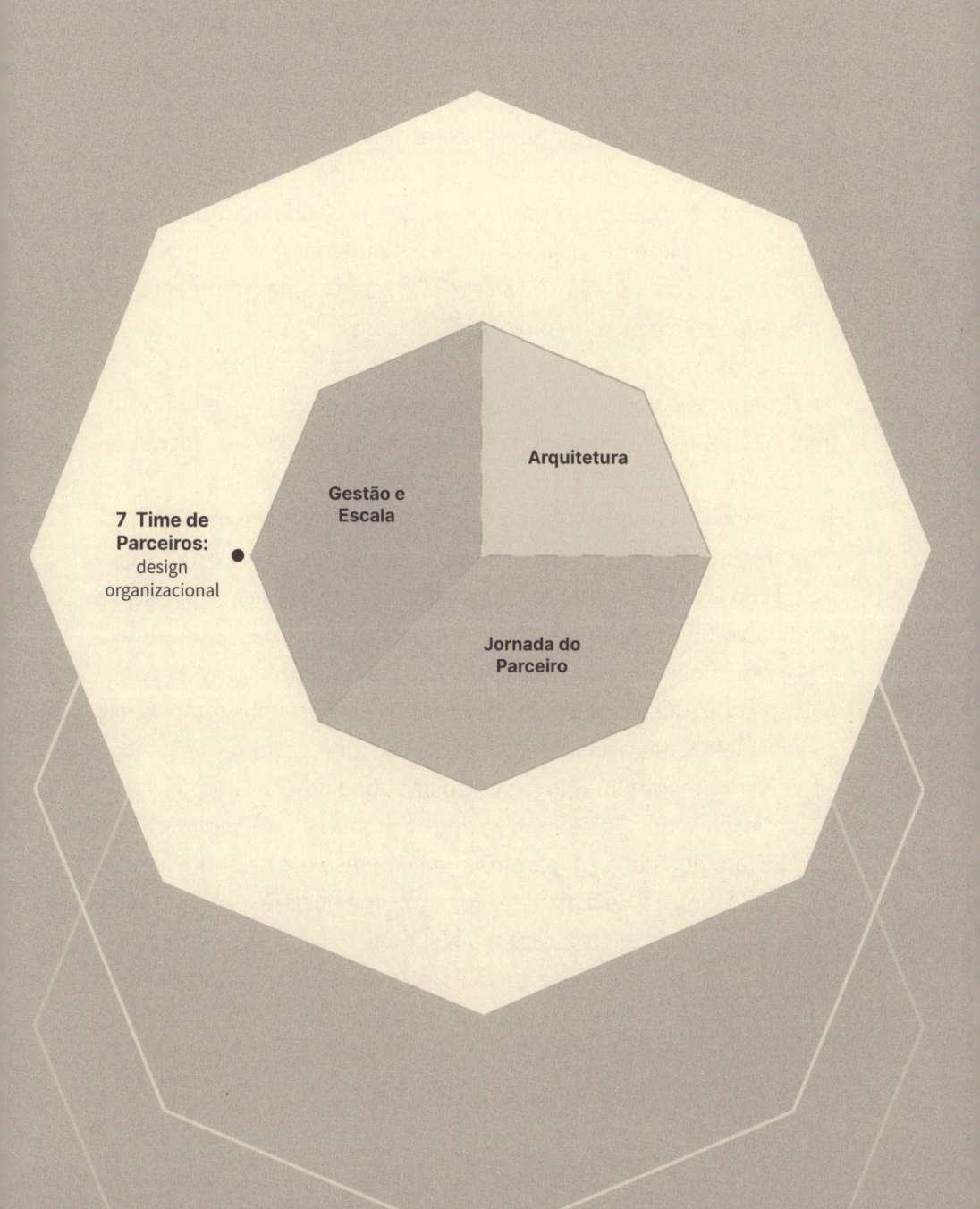

7 **Time de Parceiros:** design organizacional

Gestão e Escala

Arquitetura

Jornada do Parceiro

Já ficou claro como sua relação com os parceiros precisa de nutrição e acompanhamento para que os resultados e o crescimento aconteçam conforme seus objetivos. Para isso ser viável, você precisa de um time que gerencie e acompanhe seus parceiros e as ações, necessidades e oportunidades de seu ecossistema.

Da mesma maneira como vimos diversos modelos de parceria, definir a construção ideal do seu time também depende do momento de maturidade de seu negócio, quais são os perfis de parceiros e as especificações de sua oferta. Portanto, não existe uma única estrutura ideal para o time responsável pelas parcerias.

Contudo, enquanto a estrutura vai se moldando ao momento da empresa, boa parte das atividades que entendemos como importantes para o sucesso da jornada do parceiro já existem desde o momento que você define ir ao mercado com o apoio de canais.

Muitas vezes, vemos as empresas ansiosas para chegar à fase de escala com os parceiros, no entanto primeiro é preciso que o fluxo de trabalho esteja sendo realizado com excelência para, depois, identificar quais práticas podem se tornar mais eficientes na operação.

Construir um ecossistema significa dizer que você precisará ter uma área que funcionará quase como uma empresa dentro da empresa: é a sua área de canais. Dan Glazer, que foi o grande responsável pela construção do programa de canais da Optimizely, empresa de conteúdos e experimentos (como teste A/B), trouxe isso como um dos principais aprendizados do processo: "No início, negligenciamos o fato de que o canal afeta todas as partes da organização. Começamos trabalhando apenas com vendas, mas logo percebemos que precisávamos envolver finanças, marketing e até nossa equipe de produto."*

É claro que ninguém constrói uma empresa contratando dezenas de funcionários desde o dia zero. Por isso, uma boa prática é criar acordos entre as áreas que viabilizem um suporte inicial e, à medida que a operação cresce e se justifica, ter mais recursos dedicados. Um exemplo

---

* Tradução livre de Guide to Channel Sales & Marketing. Openview. p. 36. Disponível em: https://cdn2.hubspot.net/hubfs/366266/Guide%20to%20Channel%20Sales%20&%20 Marketing%20(eBook)%20FINAL.pdf. Acesso em: ago. 2023.

é a área de marketing. É possível contar com um pacote de horas e atividades pré-combinadas aproveitando uma estrutura existente no início e, aos poucos, aumentar esses acordos até que se tenha colaboradores totalmente alocados para a nova área.

Mas a primeira semente do ecossistema normalmente é plantada pela área de vendas. É o time que está na linha de frente com o cliente e o mercado, extremamente orientado à receita, que tende a buscar novas oportunidades de maneira constante e, por isso, é uma porta de entrada boa e natural para os parceiros. Tanto é que, segundo uma pesquisa realizada pela Crossbeam com mais de 500 empresas globais que operam com co-GTM, 50% dos times de parceria reportam para as áreas de venda, 25% diretamente para os CEOs das empresas e os outros 25% são distribuídos entre marketing, produtos, CS, engenharia e outros[*].

Então, o que traremos a seguir não são organogramas engessados, mas possibilidades de estrutura que você poderá adequar conforme o momento, o modelo e os recursos da sua empresa.

Funções e responsabilidades

Para facilitar o raciocínio, vamos retomar o *framework* da jornada do parceiro.

Jornada do Parceiro

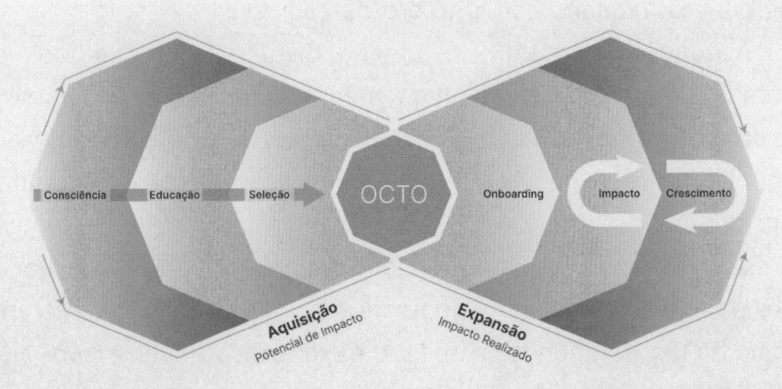

* 2023 State of the Partner Ecosystem. Crossbeam, 2023. Disponível em: https://www.crossbeam.com/resources/ebooks/state-of-the-partner-ecosystem-2023/. Acesso em: ago. 2023.

A primeira parte é dedicada à conversão de novos parceiros para o ecossistema, enquanto a segunda busca a expansão da parceria (conversão, sucesso e engajamento dos clientes desses parceiros). A atuação de um time completo, portanto, vai de ponta a ponta, sendo responsável desde a atração e o recrutamento de novos parceiros até a gestão de sua performance. E quanto mais o parceiro se envolve na operação da sua empresa, maior é a necessidade de alinhamento.

Por exemplo, ao adotar exclusivamente o modelo de afiliados, provavelmente você não vai precisar de gestores de conta dedicados e poderá trabalhar com fluxos mais automatizados. Mas se seu modelo prioritário for o VAR, em que o parceiro não só vende como também atende ao cliente final, então precisará de uma proximidade maior com parceiros por meio de gestores dedicados.

A seguir, abrimos todas as potenciais funções de um time de canais. No entanto, lembre-se: **a necessidade de ter uma pessoa dedicada para cada função vai variar conforme seu contexto.**

SDR (Sales Development Representative)

A atuação do SDR para canais é similar a seu papel em uma área de vendas. Seu trabalho é gerar volume de oportunidades qualificadas que garantam uma taxa melhor de conversão. A análise dessas oportunidades pode ser tanto via *inbound,* por *leads* gerados pelo time de marketing, quanto *outbound*, com uma prospecção ativa.

A atuação de um SDR é recomendada quando o seu modelo de parceria precisa de bastante alinhamento e o programa for massivo. É o caso de parceiros que fazem implementação ou prestam serviços sobre seu produto, que exige alta qualificação da força de vendas. Para modelos assim, o esforço de recrutamento de um *hunter* (função apresentada logo a seguir) será relativamente mais alto e as negociações para iniciar a parceria podem levar um pouco mais de tempo. Então, ter um SDR que faça um filtro rígido e disponibilize *leads* altamente adequados a seus requisitos é uma boa escolha para otimizar os esforços do seu time.

Métricas de avaliação

○ Volume de oportunidades;

○ Qualidade das oportunidades geradas.

Requisitos

○ Organização pessoal e disciplina;

○ Habilidades de prospecção;

○ Conhecer bem o seu Perfil de Parceiro Ideal (IPP).

Hunter

A função do *hunter* é converter potenciais parcerias em parcerias reais. Esse profissional atua na geração de novos negócios com os *leads* gerados pelo marketing (*inbound*), de prospecção ativa (*outbound*) ou pelo próprio ecossistema (*nearbound*). É responsabilidade do *hunter* garantir que os parceiros recrutados estejam alinhados com o IPP e os critérios mínimos de sua estratégia, como o Perfil de Cliente Ideal que você quer atingir pelo canal, pelo conhecimento técnico necessário para trabalhar com seu produto, pelo alinhamento de expectativas relativas a resultados e assim por diante.

A função do *hunter* é integrada à função do *farmer* – que veremos mais à frente. Ambos são dispensáveis numa estratégia com modelo de canal *no-touch*, quando tudo pode ser feito de maneira automatizada, mas são necessários quando há necessidade de aproximação entre os parceiros e a sua empresa.

Métricas de performance

○ Volume gerado de novos parceiros;

○ Receita gerada pelos parceiros que trouxe.

Requisitos

○ Conhecer técnicas de negociação, contorno de objeções e fechamento de vendas;

○ Ter conhecimento sobre o mercado em questão;

○ Ter conhecimento de ferramentas de vendas e prospecção como CRMs e automações de e-mail.

Farmer (ou Channel Account Manager)

A principal função do *farmer* é gerar novas vendas a partir de uma carteira de parceiros estabelecida. Para isso, deve gerenciar o relacionamento com cada um de seus canais e ajudá-los para que progridam no seu programa.

Dependendo do nível da parceria, o *farmer* também é responsável por apoiar o parceiro em atividades referentes à geração de demanda e melhoria de resultados, como é o caso de disponibilizar acesso ao MDF (*marketing development fund*), planejar campanhas conjuntas para gerar novas oportunidades de negócio, prestar suporte *premium* e outros recursos que ajudem o parceiro a performar melhor.

O *farmer* é a peça central de um time de canais porque canaliza informações das duas pontas. Em geral, é ele quem recebe os parceiros que foram recrutados, e é sobre ele que recai a maior cobrança de receita. Portanto, é nos *farmers* que costumam se encontrar dados ricos sobre sua operação, como a correlação entre perfil de parceiro e resultados, a aderência dos parceiros ao produto, aos materiais de venda e aos treinamentos.

Métricas de performance
○ Receita e novos clientes da sua carteira de parceiros;
○ Evolução dos parceiros dentro do programa.

Requisitos
○ Conhecimento de administração e planejamento estratégico;
○ Conhecer bem o mercado em que atuará, preferencialmente que já tenha tido contato com o seu IPP;
○ Domínio de técnicas de negociação, resolução de conflitos, contorno de objeções e vendas;
○ Capacidade de organização e gestão do tempo para gerenciar a carteira de parceiros;
○ Conhecimento de ferramentas para gestão de vendas e processos.

A função de *channel marketing* atua, de certa maneira, ao longo de todo o funil. Durante a etapa de aquisição, é responsável pela produção de campanhas e materiais que ajudem a atrair o perfil de parceiro certo, bem como pelas estratégias para converter e qualificar *leads* de parceiros (IPPs).

Durante as etapas finais do funil, de aquisição e retenção de clientes de parceiros, é responsável por gerar materiais de vendas que ajudem a educar e manter os canais alinhados aos padrões de vendas da sua empresa.

Além disso, tem como função criar iniciativas que promovam maior visibilidade aos parceiros e ajudem-nos a gerar mais negócios. Por último, é responsável por divulgar informações internas para toda base de parceiros, para que se mantenham atualizados quanto a mudanças de regras ou outros comunicados importantes.

De modo geral, o *channel marketing* atua tanto na busca por parceiros quanto por meio deles para gerar clientes e receita. É uma função essencial independentemente do modelo de canal pelo qual tenha optado, mas que, no início, pode ser exercida dentro da estrutura de marketing já existente.

Métricas de performance

○ Evolução dos canais dentro dos níveis de parceria;

○ Engajamento dos canais: certificação, audiência em eventos, engajamento com campanhas.

Requisitos

○ Conhecer bem o perfil de parceiro e saber como alcançá-lo;

○ Treinamentos e capacitação em marketing;

○ Saber planejar e executar campanhas de marketing;

○ Habilidades para produção de conteúdo.

CS para clientes de parceiros

A função do *Customer Success* para Canais é entregar sucesso aos clientes dos parceiros de forma escalável. Embora o nome possa confundir, a proposta é que os clientes daqueles parceiros estejam sendo impactados, porém a relação de maior frequência é, em geral, via os parceiros. Deve garantir métricas de engajamento com o produto, ativação, retenção de clientes e expansão de contas via *upsell*. Também é responsável por criar planos de acompanhamento do sucesso dos clientes, proporcionar atendimento pós-vendas e garantir que parceiros estejam atentos às novidades do produto.

Se a sua empresa já conta com uma equipe de CS, no começo, você pode atribuir a função a um membro desse time. Pode ser mais fácil treinar um CS já familiarizado com seu produto e negócio para cuidar dos clientes dos parceiros do que contratar alguém do zero e fazer todo o treinamento.

Num segundo momento, com o crescimento da operação, essa segmentação de uma equipe de CS dedicada a clientes de parceiros será importante, mas não é obrigatório logo de início.

Métricas de performance
- Taxas de cancelamento de cliente (*churn*);
- *Upsell / Cross-sell* da base de clientes;
- Número de clientes ativos e engajados com a solução.

Requisitos
- Boa comunicação, verbal e escrita;
- Técnicas de venda, negociação e conciliação de conflitos;
- Conhecimento da solução;
- Habilidades de liderança e gestão de projetos.

Partner Enablement (ou capacitação de parceiros)

A função de *partner enablement* é capacitar os parceiros para que eles trabalhem com cada vez mais autonomia. Isso inclui a composição de materiais em vídeo, *templates*, PDFs, certificações e outros tipos de treinamento que possam auxiliar na capacitação dos canais e melhorar a performance. O profissional de *partner enablement* precisará executar as atividades de *onboarding* e capacitação contínua mapeadas no capítulo de capacitação.

Métricas de performance

O Engajamento com os materiais produzidos (visualizações, certificações);

O Correlação dos treinamentos com resultados do programa;

O Alinhamento do trabalho dos parceiros com os padrões da empresa.

Requisitos

O Conhecimento sobre produção de conteúdo educacional;

O Ter noções de UX e design para melhorar a experiência dos parceiros com os conteúdos;

O Visão analítica e orientação para dados.

Partner Support

O *partner support* atua em conjunto com o *farmer* para proporcionar um atendimento direcionado e personalizado (na medida do possível) aos parceiros. É responsável por tirar dúvidas e atender canais em questões pontuais. Diferentemente do *farmer*, que atua ativamente, a função do suporte é ajudar parceiros que buscam o atendimento com questões relacionadas às funcionalidades da ferramenta, contratos e regras da parceria, por exemplo.

Métricas de performance

O Tempo médio para resolução de tickets abertos por parceiros;

O Índice de satisfação dos parceiros com o produto e o programa.

Requisitos

O Conhecimento das regras do programa;

O Conhecimento técnico sobre o produto;

O Ser focado na experiência do parceiro;

O Saber técnicas de resolução de conflito;

O Ser bom comunicador;

O Ter paciência.

Channel Operations

A função do *channel operations* (ou *channel ops*) é providenciar dados e informações analíticas sobre toda a operação para viabilizar decisões estratégicas. Atua na coleta de dados de todo o funil e na construção de pipelines e *dashboards* a fim de proporcionar visão em tempo real dos principais indicadores.

Também é função do *channel* ops extrair informações e relatórios específicos para ajudar as outras funções a tomarem melhores decisões, como: performance e engajamento da carteira de certo *farmer*, *top performers*, *bottom performers*, tempo de uso da ferramenta por parceiros e clientes, clientes com melhor retorno, e assim por diante. Parte dessas atividades estará melhor descrita no capítulo seguinte.

Métricas de performance

O Acuracidade de *forecast* da operação;

O Facilidade de acesso a dados estratégicos;

O Clareza nas informações disponibilizadas.

Requisitos

O Visão analítica e estratégica;

O Conhecimento de ciência de dados;

O Saber utilizar ferramentas analíticas e bancos de dados;

O Conhecer o funil de parcerias e da operação como um todo.

A imagem a seguir mostra como as funções apresentadas estão relacionadas. Na primeira linha, temos as funções diretamente relacionadas com o atendimento de parceiros e que tendem a ter uma capacidade de atendimento limitada. Ou seja, o volume de parceiros determina quantas pessoas precisaremos ter nas funções de *hunter*, *farmer*, CS etc. Já na segunda linha, temos posições que não têm um gatilho tão específico, mas ajudam a melhorar a eficiência da área como um todo e, por isso, são tão relevantes.

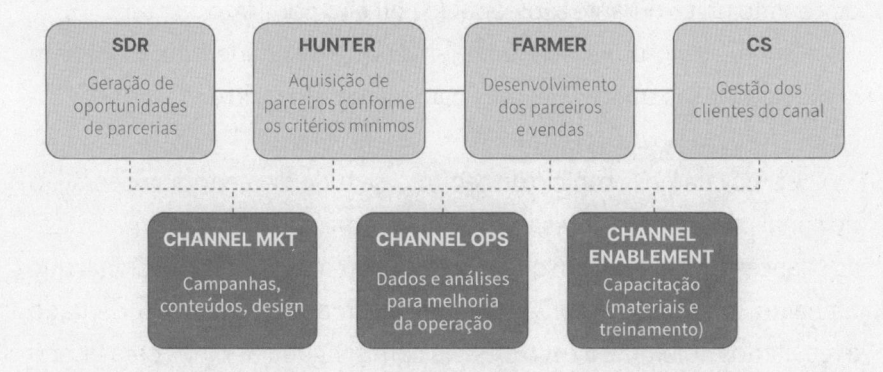

Como começar o time de canais

A construção de um time de canais não é diferente de qualquer outro. No início, ele é composto por uma ou duas pessoas, normalmente os idealizadores do projeto com a missão de estruturar, organizar e viabilizar a operação.

Para que isso aconteça, **antes de pensar em organogramas, é preciso ter clareza de quais etapas são essenciais para a estratégia funcionar.** No primeiro momento, essas funções se resumem a encontrar, recrutar e validar quem é seu parceiro ideal. Por isso, as primeiras funções que você deve mirar são as de *hunter* e *farmer*.

Primeiro, você trará pessoas para assumirem essas duas responsabilidades. E, possivelmente, as pessoas que contratar farão tanto a função de *hunter* quanto de *farmer* simultaneamente, algo que é uma possibilidade não apenas para os primeiros meses, mas ao longo de toda a operação.

Essa centralização possui bônus e ônus. O bônus é que essa pessoa será bastante seletiva com a aquisição dos parceiros. Se ela trouxer alguém desalinhado ou que não está tão engajado, esse parceiro será um empecilho para ela bater a meta de receita gerada no futuro. O ônus é que não dá para pensar em especialização. Um profissional raramente conseguirá se especializar em aquisição enquanto também se especializa em manter os parceiros performando. Quando pensamos em programas com escala e alto volume de parceiros, precisamos de especialistas; quando trabalhamos com programas com poucos e seletos parceiros, um ponto de contato único durante a jornada do parceiro pode fazer sentido.

No início do programa, é preferível que atividades-chave estejam centralizadas em poucas pessoas para encurtar o ciclo de *feedback* e facilitar o progresso da operação.

Como falamos no início do capítulo, se tudo der certo, sua operação de canais será uma empresa dentro da empresa. Então, para maximizar as chances de sucesso, busque começar a área com um profissional que tenha um perfil mais empreendedor: seja proativo, resiliente, orientado a resultados, tolerante a risco e esteja com sangue nos olhos para fazer o projeto dar certo. Uma vez que seu modelo inicial está validado, as contratações e o crescimento da equipe ocorrerão quase organicamente.

Construção de PODs

Um POD (*Product Oriented Delivery*) é uma equipe que trabalha como uma unidade coesa. Um POD normalmente contém alguma combinação de funções e funciona essencialmente como uma linha de montagem que consegue se responsabilizar por uma entrega completa, tendo mais autonomia e liberdade para tomar as decisões relativas à sua entrega.

No caso de parcerias, poderíamos definir um POD com três funções: *hunter*, para atrair e qualificar os parceiros; *farmers*, para gerenciar a base de parceiros; e os CS, para atender os clientes dos parceiros.

POD focado em parcerias

Leads para parceria

Hunter

Farmer

Farmer

CS

Clientes gerados pelo ecossistema

Organograma

Há duas formas do time de parceiros se posicionar dentro de uma empresa: como uma área independente ou dentro de outras áreas funcionais. Cada uma dessas opções tem seus prós e contras e, dependendo de como seu time surgiu, o que muda não é apenas posicionamento no organograma da empresa, mas também os próximos passos para escalar o time.

Área de canais como um departamento independente

Nesse caso, decide-se criar um departamento com estrutura própria. Em vez de prestar contas para outro departamento, o time de canais responde direto para o CEO. É um modelo menos comum, pois normalmente a oportunidade de trabalhar com parceiros é observada por quem está mais próximo da operação.

Os pontos fortes são:
- Maior nível de acesso e influência, fazendo com que as decisões da liderança da empresa afetem diretamente os parceiros;
- A área surge com orçamento próprio e, por isso, consegue fazer investimentos estratégicos logo de início;
- O alinhamento entre o time é maior porque todos os profissionais que atuam com canais respondem a um mesmo líder.

Os pontos fracos são:
- É um modelo mais custoso. A empresa precisa ter caixa suficiente para financiar a operação enquanto ela ainda está sendo estruturada e os riscos assumidos são maiores;
- A área de canais fica apartada das outras áreas funcionais e dificulta a interface, aprendizado e compartilhamento de boas práticas com o restante da organização.

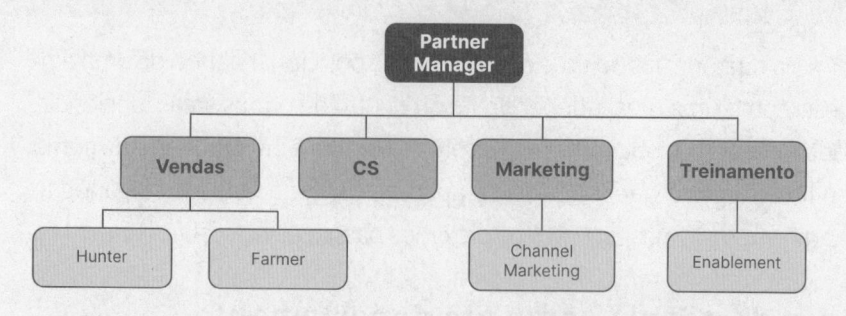

Área de canais dentro de outras áreas funcionais

Significa que a oportunidade foi identificada por uma área que está diretamente ligada à operação. Às vezes, algumas atividades de parceria já estão até acontecendo de forma orgânica e sem um plano estruturado.

Nesse formato, a estratégia precisa primeiro ser validada antes de receber maiores investimentos ou incentivos. Então, o que acontece é que a área de canais surge como parte de outro departamento, seja ele vendas, marketing ou CS.

Pontos fortes:

O Começar de baixo para cima proporciona mais agilidade para o time de canais, que poderá fazer testes com mais velocidade e menos investimentos;

O Estar em uma área funcional normalmente colabora para alinhar a prioridade e a métrica-chave do programa de canais para a empresa.

Pontos fracos:

O Nesse formato, é muito mais difícil de conseguir alinhamento entre a equipe. O líder de canais precisa negociar mais com outras áreas, como produto e engenharia, para que as prioridades estejam sincronizadas;

O A falta de orçamento dedicado pode limitar a quantidade de testes que a equipe pode fazer. Isso pode aumentar o tempo necessário para a estratégia tracionar.

Gestão e escala

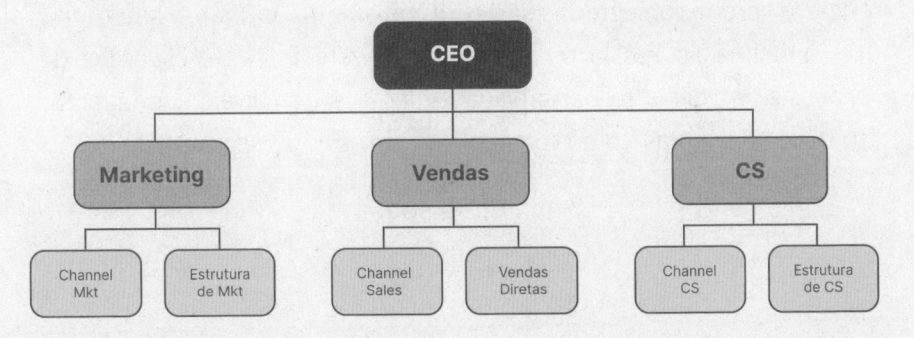

O modelo de funcionamento do time não precisa ser extremamente rígido e, em alguns momentos da evolução do ecossistema, a maneira como a equipe trabalha com outras áreas pode mudar. Por exemplo, em determinados momentos da operação, quando é necessário construir com outras áreas, trabalhar de maneira 100% independente pode ser bastante prejudicial e gerar retrabalho para empresa como um todo. Por outro lado, há momentos em que é necessário maior alinhamento entre o próprio time de canais para melhor evoluir com foco no ecossistema, então, nesses casos, a autonomia da unidade do time é importante.

O que não dá é para você ignorar que um time de canais terá características e responsabilidades específicas. Portanto, o plano de crescimento da área deve ser algo que realmente esteja dentro de seu planejamento estratégico.

Um erro bastante comum, por exemplo, é colocar uma pessoa do time comercial, que é responsável por resultados de venda direta, como a ponta comercial com os parceiros. David Skok, empreendedor e investidor, falou sobre isso e explicou que existe "uma mentalidade diferente envolvida no compromisso com o esforço em longo prazo de construir um canal. Os vendedores acostumados a vendas diretas preferem mais controle e resultados mais rápidos que vêm de fazer as coisas diretamente com o cliente. Por outro lado, os vendedores de canal sabem que, com paciência, o canal os ajudará a obter maior alavancagem do que se agissem apenas sozinhos". É por isso que o alinhamento de perfil, prioridades e métricas a serem perseguidas são os itens que direcionarão seu time.

Em uma alta escala, empresas já visualizam um *c-level* específico de ecossistema com a responsabilidade de gerenciar diversos programas com suas estruturas, como veremos no *case* da Blip a seguir.

---

* SKOK, David. The 8 Dangers of Channel Sales. For Entrepreneurs, c2023. Disponível em: https://www.forentrepreneurs.com/channel-sales/. Acesso em: ago. 2023.

Entrevista: Blip

A relação *win-win-win* construída pelo time de parceiros

Conversamos com Roberto Oliveira, CEO da Blip, plataforma com soluções de conversas para empresas se relacionarem com seus clientes de maneira mais integrada e inteligente, possibilitando um aumento na capacidade de atendimento, vendas e engajamento. Com soluções apoiadas em inteligência artificial, a Blip conta com milhões de usuários ativos por mês em mais de 25 países.

A empresa percorreu um caminho muito interessante na construção do time de canais, que recebeu o nome de Blip Ecosystem. A visão de negócio que impulsionou a criação dessa frente de atuação e o caminho que ela trilhou até o momento com centenas de parceiros conectados tem tudo a ver com o que temos discutido por aqui.

***

NARA: Quais premissas vocês usaram para arquitetar o time dedicado a parceiros da Blip?

ROBERTO: O time Blip Ecosystem nasceu com a missão de alavancar o crescimento da Blip, trabalhando nas pontas de marketing, vendas, produtos e serviços. Para alcançar esse propósito, nós tínhamos quatro premissas que consideramos chaves no design da estrutura do time:

1. *Sincronismo estratégico: estabelecer uma fundação coerente e consistente com a estratégia da empresa, na qual todas as pessoas envolvidas tenham clareza em relação à missão do time e se conectem ao Triple-Win, tripé do ecossistema que busca uma relação ganha-ganha-ganha entre clientes-parceiros-Blip;*

2. *Metodologia de construção dos programas: usamos metodologia de desenvolvimento de produto para construir, operar e evoluir os programas de forma ágil sempre com base em feedback, que é um dos elementos*

fortes da cultura da Blip. Hoje, temos os programas Business, Service (Conversational Agency), Solution, Channel, Trusted Advisor e Alliance. Somos parceiros estratégicos de grandes players, como Meta, Microsoft, Google e Apple, para oferecer as melhores soluções e produtos do mercado de business messaging;

3. Planejamento detalhado: definição clara do roadmap dos programas, macrofluxos operacionais e indicadores-chave de sucesso que comuniquem o atingimento das metas traçadas na estratégia do time;

4. Recursos disponíveis: compreensão das capacidades, cultura e motivadores de cada área funcional para a qual se deseja posicionar a gestão do ecossistema.

JULIANA: Uma das principais dúvidas dos negócios que querem começar a atuar com uma estratégia de canais é por onde começar a construção do time. Como o time Blip Ecosystem foi ganhando forma dentro do organograma da empresa?

O design organizacional da área começou com a seleção do primeiro membro do time. Ele foi encarregado de trabalhar na definição da estrutura que sustentaria a estratégia, buscando otimizar o valor para o cliente em alta escala, qualidade e tempo, sem perder o foco no benefício mútuo para o parceiro (Triple-Win).

Nesse processo, surgiu uma questão importante: a quem essa pessoa vai reportar? Optamos para o report direto a mim para reforçar o nível de investimento e peso que o ecossistema tem para a estratégia da nossa empresa. Nós queríamos garantir que ele tivesse total alinhamento de visão e foco, evitar visões enviesadas ou conflitos de prioridade das agendas operacionais dos times funcionais e garantir que a equipe de ecossistema estivesse conectada a todas as áreas da empresa para evoluir com os outros times. Ao definirmos um papel de parceria no nível executivo, demonstramos ao mercado e aos investidores o quanto o Blip Ecosystem era estratégico.

Mas é importante dizer que nossa equipe de parcerias conta com todos os líderes da Blip para gerar o resultado junto. E criar esse modelo de relacionamento interno requer uma mudança de cultura e alinhamento constante.

NARA: Como a Blip evoluiu o time de parceiros ao longo do tempo?

Começamos o time de operações com o objetivo de melhorar a mensuração do impacto dos programas consolidados e destravar investimentos em programas novos e no time. À medida que lançamos os programas de parcerias do Blip Ecosystem, nossa equipe cresceu e a estrutura evoluiu para acomodar as novas demandas. Estamos orgulhosamente conectados com centenas de parceiros, todos colaborando lado a lado com a equipe Blip. Em 4 anos, a Blip evoluiu muito nos programas de parceiros. Saímos de 1 para 8 modelos de parcerias diferentes. E o headcount dedicado cresceu 5 vezes nesse período.

Outra perspectiva do design organizacional é como estruturar os times, seja por programas, especialização ou tier/nível dos parceiros. Decidimos ir por especialização pois é desafiador encontrar um profissional que saiba performar em todas as disciplinas (vendas, serviço e produto). Por isso, os primeiros membros da equipe foram recrutados com a capacidade de serem (i) construtores, uma vez que os programas e processos estavam em construção; (ii) hábeis negociadores para alinhar com os times internos; e (iii) terem capacidade intraempreendedora.

Com a evolução do ecossistema, tanto em quantidade de programas quanto de parceiros, surge uma segunda decisão: especializar por função ou organizar por PODs? Decidimos atuar de forma híbrida dentro das gerências funcionais agrupando por região, tiers e perfil de cliente. A distribuição em níveis permitiu especializar o time nos parceiros de alto potencial que atuarão no segmento de mais alto valor.

Nós acreditamos em um desenvolvimento acelerado por meio do apoio de consultores/advisor hands-on e em constante contato com parceiros e clientes, o que também acelera a curva de aprendizado, uma vez que a disciplina Gestão de Ecossistema ainda tem muitos temas práticos a serem resolvidos, pouco conteúdo ou metodologia efetivos sobre como fazer isso na prática.

NARA: Qual a estrutura atual da equipe?

Nós temos uma estrutura bem robusta mostrando que a área é, de fato, estratégica para o crescimento da Blip no mercado. No Brasil, ainda é incomum vermos a função de Chief Ecosystem Officer e a formalização do cargo comunica interna e externamente o mindset de priorização da estratégia – foi o caminho que assumimos. O Philemon Mattos, que assumiu essa posição, foi parte fundamental da construção do ecossistema e engajamento dos times desde o princípio.

Não acredito que exista uma estrutura organizacional vencedora sem uma cultura forte. É fundamental uma relação de confiança entre o time do ecossistema, os parceiros e os times funcionais que espelhe na relação partner-first resultados win-win-win com clientes, parceiros e a Blip.

***

A Blip nos disponibilizou o organograma e o descritivo das funções e responsabilidades da área de parceiros. Um superexemplo para você se inspirar para planejar a construção de seu time de parceiros ideal:

Time de parceiros Blip

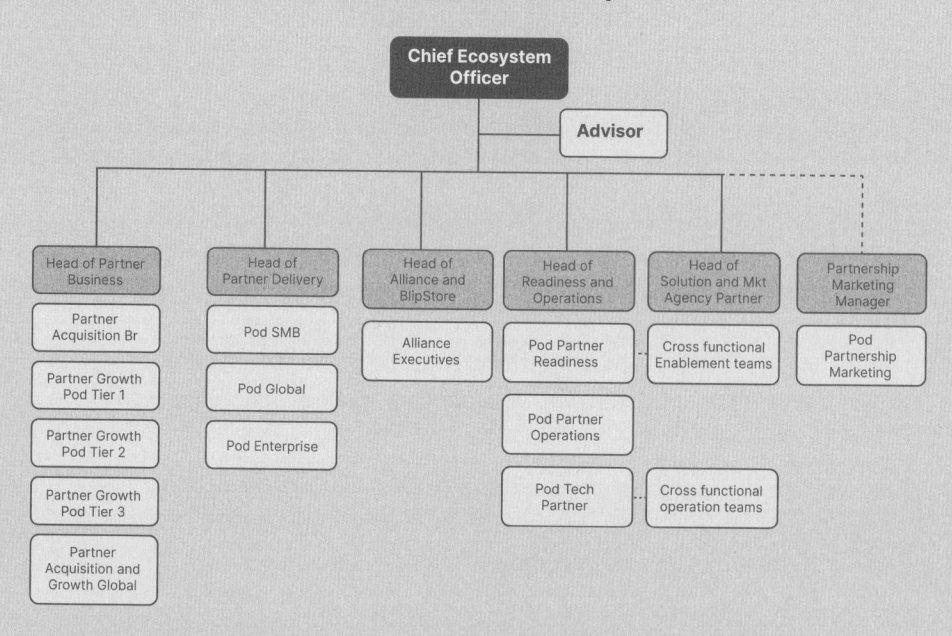

Responsabilidades do time

Função	Responsabilidades	Indicadores
Aquisição	Captação de novos parceiros via *outbound* e *inbound*	Números de contratos assinados por IPP e *Tier*
Readiness	Execução do *onboarding*, capacitação técnica e comercial contínua dos parceiros	Tempo, qualidade e certificações
Growth	Vendas geradas pelos parceiros (*CoSell*, *SellWith* e *Channel*)	Oportunidades, *booking* (*landing* e *expanding*)
Delivery	Governança dos projetos de serviço prezando pela qualidade e SLAs	SLA, qualidade e capacidade
Alianças	Gestão do relacionamento com os aliados de tecnologia	Oportunidades, *booking* (*landing* e *expanding*)
Operação	Garantir que o time e os parceiros evoluam por meio de processo e dados	Taxa de evolução dos indicadores globais do ecossistema
Marketing	Promover ações de marketing para aquisição de parceiros e geração de demanda	EQL (*ecosystem qualify leads*), oportunidades e *booking* originado das ações de marketing com os parceiros

Prognóstico de maturidade: time de parceiros

Antes de seguir, avalie o nível de maturidade do eixo, de 1 (baixa) a 5 (alta).

Componente	1 Nível de maturidade 5		Como avalia sua organização e como poderiam melhorar:
Design do organograma: estrutura do time de apoio a parceiros	A organização de parceiros é parte isolada dentro de uma área funcional específica e possui baixa prioridade de investimento.	Os times de parceiros estão bem integrados com o restante da organização, tem apoio e buy-in das lideranças e C-level e recebem recursos proporcionais ao impacto que geram.	
Organograma: papéis e responsabilidades	Existe um responsável alocado para trabalhar a estratégia de parceiros e negócios conjuntos.	Existe um time estruturado dedicado parcial ou totalmente aos parceiros. Os times são segmentados por função, com papéis e responsabilidades bem definidas.	
Alinhamento de incentivos	Não existe uma estrutura de incentivos específica para o time de parcerias.	Os incentivos e variáveis são alinhados com as métricas-chave de sucesso dos parceiros e do ecossistema para cada função do time.	
Agora, faça o cálculo de média aritmética simples neste eixo. Some todos os valores e divida pelo número de questões.			**Score final:**

Construa seu Octo online:

Capítulo 11

Gestão do ecossistema

por Adriano Neves

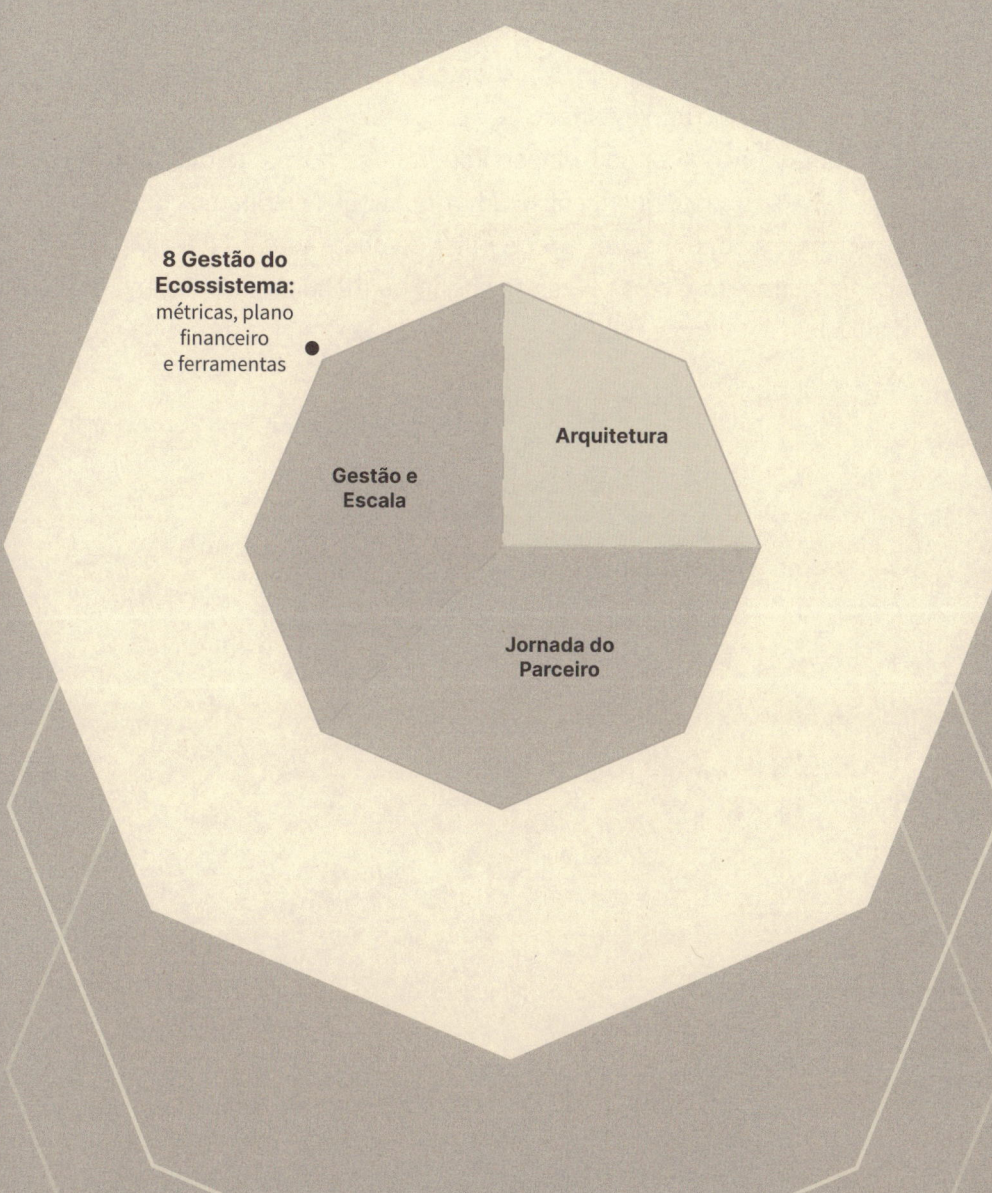

8 Gestão do Ecossistema: métricas, plano financeiro e ferramentas

Arquitetura

Gestão e Escala

Jornada do Parceiro

Para que seu ecossistema de parceiros alcance a fase de escala, você precisará de métricas, ferramentas e processos estruturados. Já discorremos bastante sobre esses componentes nos capítulos anteriores, e sobre a importância de defini-los. Agora, você terá um olhar analítico sobre os resultados para que eles sejam direcionadores das decisões para que o ecossistema cresça.

Estamos falando de uma estrutura e processos que permitam que seu programa seja sustentável e rentável em médio e longo prazo. Por isso, para o próximo capítulo, convidamos um profissional que respeitamos e é craque no tema: Adriano Neves.

Adriano acompanhou etapas importantes do programa de parceiros da RD Station, que mencionamos por aqui. Acreditamos que sua experiência ajudará o leitor a ter o olhar de quem está no dia a dia da operação, analisando os pilares de gestão da máquina de crescimento no nível de detalhamento necessário para uma estratégia de escala.

Esse negócio para de pé?

Quando topei esta oportunidade de escrever sobre gestão e escala para negócios por meio de parceiros, imediatamente pensei que construir um ecossistema requer certo investimento inicial, mas é uma estratégia com potencial de gerar resultados desproporcionais em longo prazo. Assim, começo afirmando algo básico, porém crucial: **mapear as fases de investimento e retorno ao longo do tempo ajudará você a evitar decisões precipitadas em curto prazo baseadas em percepções equivocadas de desempenho.**

Podemos dividir o planejamento de uma estratégia com parceiros em três componentes: modelo de negócios, GTM e plano financeiro. Os dois primeiros foram amplamente discutidos até agora, então vamos nos concentrar na discussão do plano financeiro. Lembrando, claro, que cada parte evolui de maneira sincronizada com as demais.

O plano financeiro será o instrumento em que vamos "planilhar" todas as definições delineadas no GTM e no modelo de negócios, saindo das definições estratégicas mais abstratas para os números. Essa visão nos ajudará a responder à fatídica pergunta: *esse negócio para de pé?*

O plano financeiro também servirá como apoio para responder a outras perguntas importantes, como:

○ Qual é o tamanho da oportunidade de receita que podemos capturar em 3 a 5 anos?

○ Qual é o nível de investimento necessário até que a operação se torne autossustentável?

○ Em quanto tempo começaremos a gerar lucro de forma sustentável (*breakeven*)?

○ Em quanto tempo recuperaremos os investimentos realizados nas fases iniciais do negócio (*payback*)?

○ Quantas pessoas precisaremos contratar ao longo do tempo e qual será a estrutura de gestão necessária para sustentar esse crescimento?

○ Qual é a eficiência financeira desse novo canal em comparação com os outros canais existentes em nosso negócio?

De forma simplista, o plano financeiro aborda três linhas principais: receita bruta, despesas operacionais (OPEX) e lucro (EBITDA). O fluxo de caixa também é um componente importante na implementação da operação, mas dependerá da estratégia de gestão de caixa e do acesso ao crédito que você já possui em seu negócio. Portanto, o seu plano financeiro pode ser tão simples quanto uma planilha com essas três linhas em um horizonte de tempo, mas **o detalhamento dos vetores de aceleração dessas curvas é o que trará reflexões de grande impacto nas definições da estratégia de lançamento e operação desse novo canal.**

Traduzir seu modelo operacional em alavanca de resultados

Se você está planejando desenvolver um novo canal de receita, provavelmente já possui ao menos um modelo de negócio bem estabelecido e já deve ter um planejamento comercial e operacional para conseguir projetar os resultados esperados para o ano: quantas vendas, qual o valor do ticket médio, investimentos, contratações etc. Nesse caso, a tendência da maioria das empresas é de apenas incorporar os resultados e custos desse novo canal na engrenagem do seu modelo de negócio atual, ou seja, mais alguns *leads*, mais algumas vendas, aumento de equipes etc. Isso é superplausível e vai ajudar no início, mas com o tempo pode levá-lo a uma grande dificuldade de avaliar a performance de cada canal, especialmente porque eles vão estar em fases diferentes e vão ter comportamentos de métricas diferentes. Portanto, incluir um novo canal na avaliação do seu *core business* pode mostrar perdas de margem, flutuações no ticket médio e aumento de custos que no total parecem ruins, mas fazem sentido quando isolamos e entendemos a fase daquele canal em específico.

Se você estiver começando, sugerimos que inicie as projeções do seu modelo operacional de canais em uma página em branco, in-

dependente. E se você já tiver um e queira entendê-lo melhor, tente separar seus modelos de projeção para ter uma visão mais apurada das expectativas e potencial de performance de cada um. Não que você não deva buscar sinergia entre as operações, mas quando houver recursos que trabalhem em mais de um canal, busque mecanismos de rateios para mapear qual canal está alavancando mais esse custo (mesmo que de forma simples).

Como estamos falando de projeção de resultados de canais, você vai precisar entender bem onde encaixar as variáveis relacionadas a parceiros no seu novo modelo. Isso vai depender muito do modelo de parceria e qual troca de valor você vai projetar. Por exemplo:

○ Para o modelo de *reseller*, você vai precisar projetar quantos novos parceiros pretende ter num período determinado de tempo e quantas vendas espera de cada parceiro nesse período, para só depois chegar ao volume de vendas final;

○ No modelo de parceiros implementadores, vai precisar pensar se haverá valor de repasse (ou seja, qual o valor que ele espera receber para realizar o serviço para seu cliente), para depois definir seu alvo de ticket médio das vendas de implementação.

Definido o modelo de geração de receita e como seu parceiro se encaixa nesse modelo, partimos para a etapa de levantamento dos custos e despesas atrelados ao modelo. Aqui será importante diferenciar quais os custos variáveis com o aumento da operação (por exemplo, o custo com a equipe comercial) e quais custos são fixos (ou ao menos mais estáveis, como é o caso da equipe de gestão do programa, por exemplo). Essa diferenciação vai ajudar a entender qual o patamar de operação que você precisa chegar para ter uma diluição mais saudável dos custos fixos e qual o tamanho de sua operação variável à medida que esse novo canal escala.

Um dos custos variáveis mais importantes para análise nesse processo é, obviamente, a comissão dos parceiros - que costuma ser o benefício de maior investimento. Falamos sobre os modelos de comissionamento no capítulo 8, mas é fundamental que tudo esteja dentro de seu plano financeiro, pois **o comissionamento pode facilmente se tornar um custo que pressione muito sua operação por eficiência caso seja mal definido (ou até mesmo inviabiliza a operação de escalar em longo prazo).**

Outro ponto importante é considerar que cada modelo de parceria possui uma estrutura de custos diferente para ser operacionalizada, e a comissão do parceiro deve entrar nesse racional de forma mais leve ou pesada dependendo da quantidade de processos que ele está assumindo da sua operação. Por exemplo:

○ No modelo de afiliados, o parceiro apenas indica o *lead*, então você ainda vai precisar qualificar e realizar todo o processo comercial, que acarreta mais custos internos. Então, essa comissão não deve ser tão alta e pode levar em consideração critérios de qualidade do *lead*;

○ No modelo VAR, o parceiro se responsabiliza por uma parte maior do processo comercial e de atendimento do cliente, então a sua comissão deve ser mais alta para que ele possa assumir esses custos sem inviabilizar o próprio modelo de negócio.

Outro investimento necessário para o desenvolvimento do canal de parceiros que já foi mencionado nos capítulos anteriores é a estrutura do time que gerenciará os parceiros. Esse é um custo que sugerimos que fique separado das demais estruturas (como em marketing ou vendas), pois vai ajudar a equacionar a conta de investimento-retorno do canal nas suas diferentes fases.

Transformar a estratégia em projeções financeiras

Construir um novo canal implica pensar em um negócio de ponta a ponta. Isso quer dizer que vamos mapear e gerenciar seus resultados como um novo negócio completo. Para isso, vale usarmos uma ferramenta básica de gestão, o DRE (ou P&L em inglês) – o famoso Demonstrativo de Resultados do Exercício. É uma ferramenta que proporciona uma interpretação clara de suas fontes de receita, custos e despesas antes de chegar ao resultado líquido da operação – também é uma forma de dar visibilidade aos investidores ou *stakeholders* do negócio em uma linguagem comum a todos.

Os principais dados que compõem seu DRE são:

Net Revenue (Receita Líquida)

Primeiro componente do DRE, a receita deve ser projetada considerando canais específicos, como diferenciações por linhas de produtos e serviços, além de abranger receitas recorrentes e não recorrentes. Para a gestão de parcerias, é essencial distinguir a receita gerada por produtos ou serviços próprios daquela proveniente de parcerias.

COGS (Custos dos Produtos Vendidos)

O segundo componente, os COGS, engloba custos diretamente ligados à produção ou prestação de serviço como insumos, transporte, manutenção de infraestrutura de software e despesas relacionadas a atendimento e suporte. Para os modelos de parceria, os custos que são terceirizados, como processos de atendimento, suporte e implementação, devem ser considerados como COGS.

Gross margin (Margem Bruta)

A *gross margin* é calculada subtraindo os COGS da receita líquida. Ela representa a capacidade do negócio em gerar lucro excluindo despesas consideradas não essenciais. Também serve como referência para precificação, permitindo comparações entre modelos de negócios e ajustes para manter margens equilibradas.

OPEX (Despesas Operacionais)

O OPEX é composto por despesas operacionais não diretamente relacionadas à produção, divididas em S&M (aquisição de clientes), R&D (desenvolvimento de produtos e inovação) e G&A (despesas administrativas).

O controle das despesas de S&M é super-relevante para parcerias, principalmente para canais de aquisição de clientes, pois considera todos os custos diretamente relacionados à sua gestão, como incentivos, time de atendimento ao parceiro, campanhas etc. O R&D abrange desenvolvimento de integrações com parceiros e ecossistemas tecnológicos. Já G&A, geralmente, vai ser direcionado por rateios de estruturas mais corporativas e de *backoffice*.

EBITDA (Lucro Antes de Juros, Impostos, Depreciação e Amortização)

O EBITDA representa a lucratividade operacional, excluindo impactos financeiros e contábeis. Ele avalia a capacidade de gerar lucro operacional e é usado para comparação de rentabilidade entre empresas e indústrias. Essa métrica reflete a capacidade do negócio de recuperar investimentos ao longo do tempo.

Grupos do P&L - KBRL	Q1	Q2	Q3	Q4	Full Year
Total Revenue	**3.307**	**3.897**	**4.591**	**5.314**	**17.109**
Product	2.975	3.542	4.213	4.902	15.632
Service	332	355	378	412	1.477
Cost od Goods Sold (COGS)	**959**	**1.052**	**1.285**	**1.488**	**4.785**
Gross Margin	**2.348**	**2.845**	**3.306**	**3.826**	**12.324**
% Gross Margin	71%	73%	72%	72%	72%
Operating Expenses (OPEX)	**3.373**	**4.014**	**4.453**	**4.783**	**16.623**
Sales & Marketing (S&M)	2.058	2.416	2.672	2.822	9.968
General & Admnistrative (G&A)	304	313	312	335	1.263
Research & Development (R&D)	1.012	1.284	1.470	1.626	5.392
EBITDA	**-1.025**	**-1.169**	**-1.148**	**-957**	**-4.299**
% EBITDA	-31%	-30%	-25%	-18%	-25%

Dessa forma, depois das projeções das alavancas operacionais de seu modelo de Parceria em componentes financeiros, conseguimos chegar à resposta do investimento e retorno esperado desse novo modelo de negócio. No exemplo acima, o EBITDA negativo indica a necessidade de investimento no canal nesse período.

No entanto, para dizermos se esse modelo realmente para de pé, temos que levar em consideração um fator crucial: o tempo. **É natural que nas projeções tenham momentos com a margem EBITDA inferior ao seu modelo de negócio principal, ou até mesmo margens negativas. Isso pode ser um sinal de baixa performance, uma indicação de maturidade do modelo de parceria ou apenas um indicativo de apetite de crescimento de receita.**

O fator tempo nas fases do modelo de negócio

Como em todo novo modelo de negócio, ao investir na criação de um novo canal, é importante fazer isso de forma incremental. Ou seja, antes de contratar várias novas posições, investir em divulgação e propor modelos de comissão, é importante você realizar testes com a operação numa escala reduzida, provando suas teses de negócio, percepção dos clientes e dos próprios parceiros. Dessa forma, **é crucial que você entenda que seu novo canal passará por momentos específicos ao longo do tempo e que seu modelo de negócios passará por múltiplas iterações antes de chegar à sua configuração de escala.**

Usaremos o gráfico já apresentado no capítulo 1 para discutir as fases de crescimento de uma empresa sob a ótica de desenvolvimento de um ecossistema de Parceiros.

Fases do negócio

Fase 1: Experimentação

Se está buscando uma diversificação de canais, você já deve ter minimamente resolvido seu PMF, certo? Nesse caso, como falamos nos capítulos anteriores, você inicialmente buscará o seu IPP a fim de validar o nível de satisfação de seu cliente com esse novo canal e entender o perfil ideal para os colaboradores de seu time. Esse momento, em geral, envolve um investimento considerável sem um retorno direto, dado o nível de erros e acertos pelos quais você vai passar. O tempo que vai passar nessa etapa vai depender muito do seu processo de experimentação, mas note que a busca pela eficiência financeira nesse período como objetivo principal pode atrapalhar **o foco da fase: validar suas teses.**

Em termos de projeções dos números da operação, o mais comum nessa etapa é uma quantidade pequena de parceiros, resultados de vendas ainda incrementais e o nível de satisfação dos clientes melhorando de forma evolutiva até valores mais próximos do seu canal principal.

Do ponto de vista financeiro, o esperado é termos um baixo nível de geração de receita, com valores altos de custo de aquisição e formação de parceiros, resultando num EBITDA abaixo do realizado pelo seu canal principal (na maioria dos casos, negativo).

Fase 2: Tração

Com suas hipóteses validadas sobre perfil de parceiro, modelo de parceria e satisfação de seu cliente final com o canal, chega a etapa de entender como validar seu modelo do ponto de vista operacional. **Falamos bastante aqui sobre co-GTM, essa é justamente a etapa de validar esse modelo** fazendo mais investimentos em aquisição de clientes e começando a avaliar métricas de eficiência operacional, antes de colocar seu modelo para escalar.

A tese que você precisa validar nessa etapa é sobre como configurar a sua operação para atender as necessidades dos clientes e dos parceiros. Nesse ponto, é importante começar a avaliar suas taxas de conversão do funil, identificar as melhores fontes de demandas e, também, a configuração do seu *playbook* comercial. Manter o controle das métricas de satisfação do cliente e seu nível de adoção do produto será importante para entender se a aceleração da sua captação de clientes manteve um nível de aderência aos casos de uso que você validou na etapa anterior. Em casos de modelo de negócio de recorrência ou recompra, nessa etapa já é pertinente avaliar seu nível de retenção ou *churn* de clientes para evitar que você escale um modelo que se transforme num "balde furado".

Fase 3: Crescimento acelerado

Validado de forma mínima seu modelo operacional, chega a hora de realmente acelerar seu modelo de parceria. Essa é a fase em que, de fato, você investe em aquisição de cliente e parceiros, crescendo o time e desenvolvendo ganhos de escala com a criação de capacidades operacionais, como padronização e otimização de processos, investimento em sistemas e especialização do time. Isso não significa que você deve enrijecer seu modelo operacional, pois o foco é em crescimento desproporcional, mas é importante criar os fundamentos para que esse crescimento possa ser sustentado em médio e longo prazo.

Do ponto de vista de projeções financeiras, esse vai ser o momento em que você deve aumentar os patamares de volume de parceiros e resultados esperados deles. Por exemplo, se está trabalhando num modelo VAR, nesse período deve buscar um aumento considerável de eficiência de vendas dos parceiros mais experientes, especialmente após a estruturação e escala de seu processo de capacitação. Sendo assim, a sua receita deve começar a crescer consideravelmente, a melhoria de suas taxas de eficiência deve gerar uma redução do custo e despesas de forma relativa (ou seja, uma redução percentual, não nominal) e, consequentemente, as suas margens devem começar a melhorar até chegar a valores mais próximos aos de seus canais principais.

Fase 4: Otimização

Atingindo certos patamares de performance desse novo canal, podemos entrar num modo de proteção dos ativos que criamos, especialmente sua base de parceiros e seu time de canais. Também é um momento para avaliar a expansão de novos canais adjacentes, provavelmente a pedido dos próprios parceiros.

Um ponto importante dessa etapa é gerar diferenciais e expansões sem penalizar suas métricas de eficiência, ou seja, cuidado com aumentos de benefícios, ajustes agressivos de comissão etc. Busque gerar mais valor para seu parceiro com outras etapas da sua cadeia de valor. Por exemplo, uma evolução natural do modelo de afiliados é o modelo de *reseller*, e uma evolução do *reseller* pode ser o modelo VAR. **Outra forma de diferenciação que já citamos aqui também é o próprio efeito de ecossistema, que com o tempo passa a ser um valor por si só para os parceiros.**

Essa, em geral, é a etapa tão esperada do retorno do investimento realizado nas etapas iniciais do canal. Isso ocorre por quatro vetores:

1. A sua rede de parceiros mais experientes passa a precisar cada vez menos de capacitação e suporte – e passa a gerar um crescimento sustentado por ela mesmo, exigindo menos investimento proporcional;

2. O ecossistema começa a se apoiar mutuamente, com parceiros trocando práticas e conhecimento de forma espontânea ou pelos próprios modelos de negócio (parceiros especializados em formar novos parceiros, por exemplo);

3. Seu time entra em um nível de excelência operacional que auxilia a empresa a ganhar escala de forma desproporcional na operação com canais;

4. Os novos modelos de parceria adjacentes se tornam muito mais baratos do ponto de vista de desenvolvimento, dado que você já tem uma boa chance de acertar seu novo IPP com a experiência adquirida. Além de poder contar com um nível de *awareness* muito maior na sua rede de parceiros e ter um time de especialistas em parceiros para realizar o desenvolvimento e crescimento desse novo canal.

O que é esperado do ponto de vista financeiro é que sua receita advinda de parceiros esteja crescendo mais rápido do que seus canais mais tradicionais (consequentemente, aumentando o *share* de receita e de clientes na base) e suas margens entrando em patamares de excelência de mercado – inclusive a margem EBITDA, que pode estar até melhor que a do seu canal principal, dado que o efeito dos parceiros na operação pode gerar capilaridade e eficiência de recursos maiores que os recursos internos.

KPIs por fase do modelo

Agora que você já tem a expectativa de resultados projetada no tempo, fica mais fácil entender o que esperar da performance da operação de seu novo canal. No dia a dia, tendemos a olhar os números num recorte muito pequeno, tanto de prazo quanto de processo, então recorrer ao planejamento vai ajudar a entender se as variações de performance são realmente preocupantes em longo prazo ou apenas parte de uma evolução da eficiência do canal.

A definição dos indicadores prioritários de performance depende também da etapa do modelo de negócio e do programa de parceria que você está construindo. Então, aqui vamos listar os principais indicadores que você e seu time devem acompanhar nas fases do *framework* de crescimento de receita e dos pilares da metodologia de construção de canais.

Fase 1: Experimentação

Nessa etapa, o objetivo principal é validar se o modelo de negócio faz sentido para o parceiro e se você consegue gerar sucesso para seu cliente por meio desse canal. Além de olhar para seu modelo, vai ser importante avaliar o perfil de parceiro que você está buscando (o IPP que mencionamos nos capítulos anteriores).

○ **Nível de satisfação do cliente:** a métrica mais comum desse tipo de avaliação é o NPS (*net promoter score*), e é o que recomendamos usar, mas você pode criar o próprio índice de satisfação para avaliar aspectos importantes de validação de seu modelo de negócio;

○ **Nível de satisfação do parceiro:** também podemos usar aqui o NPS, especialmente se tivermos já uma base relevante de parceiros. Mas é mais comum coletar essa percepção por entrevistas diretas. De qualquer forma, busque usar algum tipo de índice para avaliar sua progressão nessa avaliação de satisfação;

○ **Nível de adoção ou uso do produto:** a ideia dessa métrica é encontrar características de uso do produto que geram uma probabilidade maior de retenção daquele cliente e, portanto, sucesso e receita. Por exemplo, a quantidade de usuários ativos de um CRM *versus* o volume de usuários contratados em geral é um bom indicativo se o cliente está de fato utilizando o produto e, dessa forma, tende a continuar contratando a ferramenta. Para negócios voltados para vendas transacionais ou do setor de serviços, você pode buscar entender mais diretamente o quanto seu produto tem auxiliado o seu cliente a atingir os próprios objetivos - tanto de forma quantitativa, quanto qualitativa.

Fase 2: Tração

Além dos indicadores da etapa anterior, aqui vamos precisar começar a avaliar principalmente a eficiência do seu funil de aquisição de clientes. Isso pode ser feito com diferentes recortes, mas o mais importante é validar se esse modelo vai ser sustentável de ser escalado no futuro. Por exemplo, se seu SDR estiver com um nível de perda muito alto dos *leads* gerados por seus parceiros, qual o tamanho de seu time de SDR quando você triplicar o volume? Isso vai ser sustentável financeiramente? A outra avaliação dessa etapa é se essa aceleração de aquisição de clientes está afetando de alguma forma o nível de satisfação e retenção de clientes, dado que potencialmente você vai passar a abordar um grupo bem menos segmentado de *prospects*.

Além das métricas da fase 1, adicionamos aqui:

○ **Nível de retenção dos clientes ou churn:** essa métrica vai funcionar para negócios que trabalham com modelo de recorrência, em que será importante avaliar se o cliente indicado, trazido ou atendido pelo parceiro tem um nível satisfatório de permanência na sua base. Use como referência a sua performance nos canais diretos ou *benchmarks* da indústria;

○ **Taxa de conversão de SAL (*sales-qualified lead*) em venda:** voltado para os modelos de parcerias de aquisição de clientes (Afiliados, *Reseller*, VAR e Biz Dev), esse será um indicador muito importante de avaliação antes de passar para o modelo de escala, pois será inversamente proporcional ao tamanho do time comercial necessário para processamento de demanda. Aqui estamos considerando como parâmetro o SAL, pois é um recorte específico entre o processo de geração de demanda e o processo comercial, no qual já temos claro que aquele *lead* realmente é um cliente em potencial.

Fase 3: Crescimento acelerado

Esta é a etapa em que realmente nos aprofundaremos no entendimento das métricas de performance do canal. Afinal, o objetivo dessa fase é justamente encontrar um modelo que possamos escalar de forma eficiente. Mas o que significa ter um modelo eficiente na perspectiva de canais?

Vamos organizar as métricas conforme as fases da jornada do cliente.

1. Atração

○ **Volume de leads por parceiro:** principalmente para o modelo de afiliados, esse KPI ajudará a entender quanto esperar de geração de demanda à medida que você cresce sua base de parceiros. Também será um fator importante de classificação dos Parceiros entre *tiers*, caso você utilize esse mecanismo para a gestão de sua base;

○ **Taxa de conversão de leads em SAL:** esse será um ponderador importante para a métrica anterior. Caso você consiga identificar claramente tipos de parceiros ou canais específicos de entrada de *lead* (como eventos, por exemplo), pode, inclusive, calibrar o nível de comissionamento dessas fontes específicas de acordo com a taxa de eficiência;

○ **Volume de SAL por parceiro:** esse é o resultado das duas métricas anteriores, mas pode ser a forma mais adequada de avaliar a performance de seus parceiros geradores de demanda, pois já considera características relevantes do *lead* para seu processo comercial, como segmento, número de funcionários, disponibilidade de alguma tecnologia, entre outros.

2. Engajamento e conversão dos leads

○ **Taxa de conversão de SAL em vendas:** essa será a medida principal de eficiência do seu processo comercial, pois cada ponto percentual significará uma necessidade maior ou menor de investimento na estrutura comercial. Use de referência principal a sua taxa de conversão de seus canais diretos, mas busque também outras referências de mercado para avaliar sua performance;

○ **Ciclo de vendas via parceiro:** esse indicador terá impacto direto na sua taxa de conversão e tamanho do time comercial. Ele será importante para entender como a inclusão do parceiro em seu processo comercial pode ter impactado o tempo até a negociação final da venda, dando indícios de ajustes necessários de integração de seu processo comercial com o processo de seu parceiro;

○ **Eficiência de vendas de parceiro:** esse é um indicador mais finalístico que divide a quantidade de vendas realizadas no mês pela base total de parceiros (geralmente uma taxa percentual), que será importante na avaliação geral do canal. Também pode ser usado na calibração de expectativa de performance por *tier* do Programa;

○ **Frequência de vendas por parceiro:** essa é só uma forma diferente de avaliar o indicador acima, mas que ajuda a entender de forma mais qualitativa como está o ritmo comercial de seu parceiro. Ela significa o tempo que leva para seu parceiro realizar uma nova venda. Ou seja, uma base de parceiros com eficiência de vendas de 25% significa que esses parceiros estão levando 3 meses para realização de cada nova venda de seu produto.

3. Ativação e adoção do produto

○ **Volume de implementações por parceiro:** para parcerias que trabalhem diretamente com o processo de implementação de seu produto, será importante ter previsibilidade sobre a capacidade produtiva do parceiro, tanto para que você possa dimensionar a própria capacidade interna, quanto para entender se o plano de execução está sendo cumprido;

○ **Taxa de ativação do produto:** para os modelos de negócio que possuem algum tipo de ativação inicial do produto (geralmente vinculadas ao processo de implementação), essa taxa será importante para avaliar se o nível de performance do Parceiro é compatível com seus canais internos e até direcionar o impacto dessa métrica no comissionamento das implementações;

○ **Nível de adoção do produto:** essa métrica continua sendo importante após a etapa de Tração, pois é um forte indicador de retenção de seu cliente em longo prazo e até de seu potencial de expansão de receita. Aproveite também para fazer a comparação da performance de seus Parceiros com o desempenho de seus times internos. Essa também é uma boa métrica de inclusão nos critérios de comissionamento de programas como o VAR;

○ **Nível de integração de soluções:** nos contextos de parcerias tecnológicas, um caminho importante de avaliação de performance é saber o nível de integração da sua base de clientes com as soluções de seus parceiros. Esse é um número com muitos casos de comprovação de relação com retenção, mas algumas vezes negligenciado pela complexidade de instrumentação;

○ **Número de novas integrações:** esse KPI é voltado para parceiros de tecnologia, em que o volume de entregas de integrações, *features*, produtos etc. será importante para avaliação de desempenho da base de parceiros. O seu indicador pode ser mais específico e complexo do que isso, dependendo de seu tipo de parceria tecnológica, mas certifique-se de que de alguma forma você está avaliando e compensando esses Parceiros com um critério de desempenho que gere valor para seu negócio.

4. Retenção e expansão

○ **Nível de retenção de receita dos clientes (ou churn):** as análises de retenção aqui continuam sendo importantes, mas, com o crescimento da base, vale começar a avaliar o comportamento do percentual de *Churn* dos clientes de Parceiros como uma métrica do dia a dia da operação e da classificação dos parceiros em *tiers*;

○ **Nível de expansão de receita da base de clientes:** o nível de expansão de receita de uma carteira de clientes, seja por meio de upgrades, *upsell* ou *cross-sell*, é um excelente indicativo de sucesso do cliente utilizando o produto ou serviço. Incentivar seu ecossistema de Parceiros a alavancar esse KPI auxiliará também no *lock-in* da sua base;

○ **Receita gerida por parceiro:** para essa métrica, podemos trazer diferentes visões dependendo do tipo de parceria - receita influenciada por Parceiros, receita vendida por parceiro, receita atendida por parceiro etc. Independente do caso, o importante é você entender o nível de impacto que o parceiro (ou um recorte de parceiros) tem no seu negócio e vice-versa.

Fase 4: Otimização

Validado seu modelo de escala da operação, entramos numa fase de proteção do modelo de canais e avaliação de novas vias de expansão. Dessa forma, nessa etapa estaremos interessados em indicadores que evidenciem o nível de relevância do nosso produto para o modelo de negócio do parceiro e o mapeamento de oportunidades de expansão dessa relação. As demais métricas de performance continuam sendo válidas nessa etapa, mas as seguintes podem ser acrescentadas:

○ **% de participação na carteira do parceiro:** a forma mais direta de avaliar seu nível de *lock-in* e tamanho de oportunidade de expansão é mensurar seu percentual de participação na carteira de clientes de seu parceiro – se possível, discriminando também se seu parceiro trabalha diretamente com seus concorrentes. O mais comum de obter essa informação é de forma qualitativa, dado o nível de sensibilidade dessa informação para os parceiros. Para casos de modelos de parceria mais pulverizados (como o de afiliados), você pode buscar informações de seu nível de penetração no segmento específico do seu IPP;

○ **Cobertura de território ou de mercado via parceiros:** dado que seus parceiros são uma forma de capilarização de seu alcance em mercados ou regiões menos acessíveis para os canais diretos, essa avaliação pode proporcionar uma avaliação de oportunidades ainda não exploradas por sua base atual de parceiros;

○ **% de parceiros multiprogramas:** outra forma de evidenciar o nível de *lock-in* com a base de parceiros é analisar quantos deles participam de mais de um de seus programas de parceiros, aumentando a percepção de valor da parceria e gerando um nível ainda maior de integração entre modelos de negócio.

Comportamento da base de parceiros e seu impacto no negócio

Até aqui, falamos de indicadores de performance de seu canal de parceiros na perspectiva de momento de negócio e etapa da jornada do cliente. Porém, um grupo de indicadores será comum a todos esses momentos na construção da gestão de performance de canais, que são os KPIs relacionados à sua base de parceiros. Ou seja, métricas que o ajudem a entender ou avaliar o ritmo de crescimento, composição e qualidade da base de seu programa. Os principais são:

○ **Funil de aquisição de parceiros:** todos os KPIs de avaliação do processo de aquisição de parceiros – desde volume de *leads*, taxas de conversão do funil até a contabilização de novos parceiros. Caso seu programa tenha um nível de aquisição de parceiros rápido, será muito importante o mesmo rigor de busca de eficiência do que o funil de aquisição de clientes. Um ponto superimportante nessa avaliação é definir um bom critério de definição do que é um novo parceiro ou não. Você pode definir, por exemplo, que apenas parceiros que já tenham realizado uma venda ou uma implementação possam ser considerados como um novo parceiro. Isso evitará que inclua na sua base empresas apenas com a intenção ou potencial de se tornar de fato um parceiro;

○ **Churn de parceiros: em alguns momentos, vai ser importante desligar alguns parceiros de seu programa. E isso é fundamental para evitar os custos diretos e indiretos que você tem de gestão de cada um deles.** Em geral, esse *churn* pode acontecer por você ter identificado algum perfil que não é adequado para seu modelo ou por inatividade do parceiro com seu modelo de negócio. Em ambos os casos, é importante que, em algum momento, você formalize esses critérios no seu processo e no contrato de parceria, para que se torne algo normal em sua operação, como um critério de sobrevivência dos elementos de seu ecossistema. Importante também ressaltar a necessidade de construir um processo consistente de finalização do contrato de parceria e um fluxo de passagem sem fricção de seu cliente do canal de parceiro para seu canal de atendimento direto;

○ **Base de parceiros:** esse é o indicador que, evidentemente, estará mais atrelado à geração de resultado de seu modelo de canais. Porém, aqui é importante qualificar essa base de parceiros com atributos que o ajudem a entender de forma mais precisa o recorte que mais influencia em sua performance. Por exemplo: parceiros ativos, parceiros certificados, parceiros qualificados etc. Ao longo do crescimento da base, é importante que segmente seus parceiros em diferentes grupos de acordo com ciclo de vida (*lifetime*) e performance, pois assim consegue diferenciar o processo de parceria para cada grupo (ajustando modelo de atendimento e benefícios, por exemplo) e obter maior nível de previsibilidade de performance dos diferentes agrupamentos.

Ferramentas de gestão de canais

Nos dias atuais, já não é opcional a adoção de algum nível de sistemas para a criação e gestão de um modelo de parceiros. Existe uma necessidade e uma oportunidade gigantesca de coleta, processamento, disponibilização e análise de dados – como podemos ver pela quantidade de dados e métricas disponíveis para gestão de seu programa. No caso de um modelo de canais, existe ainda essa mesma necessidade numa perspectiva externa - a do parceiro.

A evolução de acompanhamento manual via planilha para acompanhamento via sistema se nota por aqui também. Quando falamos de plano financeiro, mencionamos a criação de planilhas, pois de fato essa é a etapa em que estamos "desenhando" os números. Mas a partir do momento que falamos em gestão de performance e controle de indicadores financeiros, passa a ser virtualmente impossível fazer isso apenas por meio de planilhas e controle manuais.

Você terá informações importantes chegando de diferentes pontos de contato internos e externos, em tempos diferentes. Então, ter um sistema que agrupe e cruze esses dados de maneira a transformar esses indicadores em conhecimento acionável é imprescindível.

Os principais tipos de sistemas que você vai trabalhar de alguma forma ao longo de sua jornada com o modelo parceiros são:

○ **Sistemas de gestão de processos:** nessa categoria, estão o ERP (software de gestão financeira e de recursos), MAS (software de automação de marketing), CRM (software de gestão de vendas e relacionamento com o cliente), RMS (software de recebimento e gerenciamento de receita) etc. Eles são voltados para a gestão de seus processos de negócio e precisarão de alguma adaptação ou customização para incorporar as necessidades de gestão e geração de informação de seu programa de parceiro. São fundamentais desde o início da operação, pois é por meio deles que você começará a gerar e processar informações de seu novo modelo de negócio. Por exemplo, em seu CRM será necessária a criação de campos para atrelar as informações do parceiro à oportunidade gerada por ele, em seu RMS será importante a criação da "entidade" parceiro para viabilizar o processamento do comissionamento de seu programa;

○ **Sistemas de processamento e disponibilização de dados:** em um primeiro momento, é possível aproveitar as próprias ferramentas de análises de seus sistemas de gestão de processos para fazer um primeiro nível de gestão das informações do programa de parceiros (ou pelas extrações diretas de base). Porém, à medida que você aumenta o nível de customização dessas ferramentas e a complexidade de seu programa, precisará também evoluir na robustez de seu modelo de processamento e análise de dados. O primeiro passo geralmente é trabalhar com ferramentas de BI (Tableau, Power BI etc.) que se conectem diretamente com os bancos de suas ferramentas de processos. À medida que você amadurece, o caminho natural é investir na construção de *data lakes* e *data marts* com dados já processados de seu programa. Isso será importante principalmente para suportar a criação de modelos de comissionamento mais complexos e sistemas de gamificação de bonificações por performance;

○ **Plataforma de gestão de parceiros:** em geral, são mais conhecidos como PRM (*Partner Relationship Management*) e podem envolver também ferramentas de processos e disponibilização de dados. A diferença é que esses sistemas têm uma visão "para fora", ou seja, é o sistema que serve de elo entre a empresa e o parceiro. Aqui o parceiro poderá ver seus resultados, gerenciar o processo de vendas e gestão de carteira, entender sua performance no programa e, principalmente, ver comissões e bônus. Existe uma miríade muito grande de sistemas desse tipo, com bastante amplitude de escopo e preço. O mais importante aqui é definir primeiro processo e programa, para depois tentar encontrar a ferramenta que mais se adapta a ele - pois muitos deles são engessados ou trabalham com visões genéricas de programa.

Reforçando um ponto importante, a principal dica para evoluir na contratação e customização desses sistemas é: pense e faça de forma incremental. O processo mudará muitas vezes antes de chegar ao modelo de escala. Então, estruturar sistemas muito robustos de largada engessará a execução e exigirá muito investimento de ajuste e customização de suas ferramentas.

Busque usar os sistemas que você já tem, incluindo as necessidades de coleta de informações sobre seu processo de parceria que viabilizarão o cálculo dos indicadores prioritários em seu momento de negócio. Com o tempo, evolua seu *stack* buscando bastante *feedback* de seus parceiros sobre o que é mais valioso para eles.

Para finalizar este eixo, preparei para você um exemplo de como visualizar, na prática, os indicadores que discutimos ao longo do capítulo.

Além de tratar o plano financeiro dos parceiros de maneira separada aos indicadores de seu canal de vendas principal, a dica é que você faça as projeções de receita e custos no mesmo documento de forma que possa ver as conexões entre as variáveis e já realizar ajustes rápidos no modelo para que seja financeiramente viável.

Nas próximas páginas, temos o comparativo de dois modelos de parceria diferentes: afiliados e implementadores.

Gestão e escala

Afiliados				
VENDAS	**Q1**	**Q2**	**Q3**	**Q4**
Novos Parceiros	9	10	12	14
Churn de Parceiros		1	1	1
Base de Parceiros	9	18	29	42
Leads por Parceiro	52	55	57	60
Leads de Parceiros	468	990	1653	2520
Conversão de *leads* e vendas	3%	3%	3%	3%
Vendas via Parceiros	14	30	50	76
Ticket (R$)	1.500	1.500	1.500	1.500
Vendas via Parceiros(R$)	**21.000**	**45.000**	**75.000**	**114.000**

CUSTOS	**Q1**	**Q2**	**Q3**	**Q4**
Novos Parceiros por *Hunter*	12	12	12	12
Quantidade de *Hunters*	1	1	1	2
Leads por Vendedor	700	700	700	700
Quantidade de Vendedores	1	2	3	4
Custo médio *Hunter*/ Vendedor	24.000	24.000	24.000	24.000
Custo equipe de vendas (R$)	**48.000**	**72.000**	**96.000**	**144.000**
% Comissões Parceiros	200%	200%	200%	200%
Comissões Parceiros (R$)	**42.000**	**90.000**	**150.000**	**228.000**
Outros custos do Programa(R$)	73.000	85.000	91.000	98.000
Custo Total de Aquisição (R$)	**163.000**	**247.000**	**337.000**	**470.000**
CAC (R$)	**11.643**	**8.233**	**6.740**	**6.184**

Implementadores

RECEITA	Q1	Q2	Q3	Q4
Base de Parceiros Habilitados	10	12	15	18
Implementações por Parceiro	12	12	12	12
Ticket Implementação	5.500	5.500	5.500	5.500
Receita de Implementação (R$)	**660.000**	**792.000**	**990.000**	**1.188.000**

CUSTOS	Q1	Q2	Q3	Q4
Comissão por Implementação	3.300	3.300	3.300	3.300
Comissões Parceiros	**396.000**	**475.200**	**594.000**	**712.800**
Captação e Formação de Parceiros	57.000	61.000	65.000	70.000
Time de Gestão de Parceiros	45.000	45.000	45.000	45.000
Outros Custos do Programa	25.000	27.000	30.000	32.000
COGS Implementação (R$)	**523.000**	**608.200**	**734.000**	**859.800**

	Q1	Q2	Q3	Q4
Gross Margin (R$)	137.000	183.800	256.000	328.200
Gross Margin (%)	21%	23%	26%	28%

A visibilidade desses indicadores garantirá que tudo o que você elaborou junto ao time e aos parceiros se concretizará da melhor maneira, com oportunidade de atuar de maneira rápida sempre que algo não estiver gerando os resultados desejados.

Acredito que, quanto mais essa visão analítica e cuidadosa for implementada nas empresas, mais fortes serão seus ecossistemas.

Agradeço a oportunidade de ter contribuído para este projeto tão relevante para o mercado e desejo sorte e sucesso a você, caro leitor!

Entrevista: Caju
Gestão de métricas eficientes

A Caju é uma empresa brasileira de tecnologia que oferece soluções em benefícios corporativos e softwares para RH, desde sistema para admissão de colaboradores, controle de despesas corporativas até cartões multibenefícios.

A empresa nasceu em 2019 e percebeu que ter canais indiretos era uma grande oportunidade de crescimento das vendas. Os parceiros que se associam ao ecossistema da Caju conseguem ampliar seu portfólio de serviços e melhorar o engajamento com os clientes finais, que passam a contar com uma plataforma mais completa e robusta para oferecer benefícios a seus colaboradores.

Conversamos com Eduardo Del Giglio, fundador da Caju, para entender um pouco mais sobre o programa de parceiros.

***

NARA: Qual o diferencial do programa de parceiros da Caju?

EDUARDO: O programa de parceiros da Caju foi feito para empresas que buscam crescimento de base, diversificação de portfólio e melhoria de engajamento com o cliente final. Ao longo da jornada, os parceiros evoluem em quatro níveis que indicam seu estágio de maturidade e desbloqueiam diferentes pacotes de benefícios, grupos de atividades a serem desempenhadas, conteúdos específicos, régua de atendimento e marcos de sucesso. Os quatro níveis do programa são: semente, raiz, fibra e safra especial.

Em um mercado que concorre por margens apertadas e é movido por remuneração, a Caju foi arrojada ao optar por não ter um programa de revendas baseado em remuneração e comissionamento. Para sustentar a tese e ser atrativo para os parceiros, trabalhamos com o diferencial de atendimento e a alta qualidade da oferta de valor conjunta. Por ser um modelo diferente do que é mais comum no mercado, tivemos que ter muita disciplina no acompanhamento dos indicadores desde o princípio.

NARA: Como a Caju faz a gestão desses indicadores?

Está no DNA da Caju testar novas iniciativas e apostar nas que se destacam, por isso a visão e as decisões de negócio são baseadas em dados. Mas o entendimento e validação dos indicadores da área de indiretos veio com os seguintes desafios:

1. *Qual conjunto de indicadores acompanhar visto que os resultados de fato só viriam mais adiante?*
2. *Qual periodicidade seria ideal para as avaliações?*
3. *Quem dentro da operação deveria olhar o quê?*
4. *Esse negócio vai parar de pé?*

Para termos as respostas, sabíamos que precisávamos de execução e paciência. Mas o primeiro marco importante aconteceu quando alcançamos o Channel Market Fit, ou seja, quando a primeira pessoa responsável por atender os parceiros passou a gerenciar uma carteira maior que um colaborador que atendia clientes diretos, e com volume de demanda crescente. A partir desse marco, a tese se mostrou forte e aumentamos o investimento em time, marketing e ferramentas para a área.

Montamos um painel com todas as métricas atreladas à operação – entre indicadores de meta e KPIs, foram mais de 60! – para garantir assertividade na tomada de decisão e o desdobramento correto dos desafios. Depois, o time elencou uma versão resumida com os 6 principais indicadores de cada fase da jornada do parceiro, que geram o maior impacto nos outros objetivos. Esse cockpit é revisado a cada trimestre para garantir que o time está alinhado com os principais desafios.

JULIANA: Como a Caju usa processos e tecnologia para apoiar a gestão dessas métricas?

O funil de parcerias hoje é estruturado mais ou menos conforme a seguir.

Aquisição de parceiros:

- *KPIs (O que tem meta) - Leads qualificados e parceiros cadastrados.*
- *Indicadores complementares - Origem dos leads, reuniões agendadas, tempo médio de qualificação e negócios perdidos. Scorecard, tempo das etapas do funil, volume de atividades, contratos assinados e negócios perdidos.*

Onboarding:

- **KPIs (O que tem meta)** – *Parceiros ativos.*
- **Indicadores complementares** – *Qual trilha de onboarding, Volume de conclusão da trilha de onboarding, tempo médio de cada trilha, volume de parceiros que geraram negócios, volume de negócios gerados por parceiros, tempo médio para geração do primeiro negócio, parceiros ativos.*

Ongoing:

- **KPIs (O que tem meta)** – *Parceiros produtivos e cadastro de clientes.*
- **Indicadores complementares** – *Tempo em cada nível do programa, volume de parceiros por nível do programa, volume de negócios gerados por parceiros, percentual de negócios gerados por nível de parceria, ciclo de venda médio por parceiro, engajamento nas réguas de atendimento, taxa de conversão média dos parceiros. Novos clientes gerados, representatividade de clientes originados por parceiros X a base de clientes diretos.*

Produção de parceiros

- **KPIs (O que tem meta)** – *Clientes ativos e rentabilidade dos clientes.*
- **Indicadores complementares** – *Taxa de ativação dos clientes originados por parceiros, volume de soluções (produtos) utilizadas pelos clientes, churn, engajamento dos clientes, total de clientes ativos, ticket médio dos clientes e perfil dos clientes trazidos por parceiros.*

Esta é a visão macro. A partir dela, temos um dashboard específico de acompanhamento para cada nível de gestão e responsabilidade. Para ajudar no levantamento de todas essas informações e, também, na construção dos fluxos de trabalho com os parceiros, hoje usamos a Salesforce como solução para CRM da equipe de vendas direta e indireta, e o módulo de PRM para ações específicas com os parceiros: gestão da carteira, réguas de engajamento e insights da operação.

★★★

A Caju é um bom exemplo que mostra como a gestão de métricas do seu programa de parceiros requer clareza da proposta de valor conjunta que a sua empresa e seus parceiros podem construir para o cliente final.

Além disso, alguns pontos que gostaríamos de ressaltar desse *case* são:

O Crie uma estrutura de métricas sólida, mas não sobrecarregue a equipe com um grande número delas. Identifique os indicadores-chave de desempenho (KPIs) que têm o maior impacto em seus objetivos e revise essas métricas periodicamente, ajustando-as conforme necessário para garantir que sua equipe esteja alinhada com as metas principais;

O Crie um sistema que proporcione visibilidade tanto para o time interno quanto aos parceiros, para que todos possam acompanhar as métricas definidas em tempo real.

Prognóstico de maturidade: gestão do ecossistema

Antes de seguir, avalie o nível de maturidade do eixo, de 1 (baixa) a 5 (alta).

Componente	1 — Nível de maturidade — 5		Como avalia sua organização e como poderiam melhorar:
Plano Financeiro	As expectativas de resultados para o canal de Parceiros não estão bem definidas, possuindo apenas algumas metas operacionais ou apenas com métricas de receita sem desdobramento operacional.	Expectativas financeiras claras e específicas para o canal, desdobrando esses resultados finalísticos em metas operacionais que deixam claras as principais alavancas de resultados do negócio.	
P&L do programa	Os custos de aquisição, atendimento e suporte são medidos com a estrutura direta de atendimento. Não há uma separação de custos do que é adquirido ou atendido pela empresa ou via parceiros.	P&L analisado de forma independente. É possível analisá-lo também por perspectivas distintas (ex.: P&L por nível do parceiro).	
Métricas de Gestão de Performance	Sem métricas específicas para gestão de performance do canal, acompanhando apenas resultados de vendas ou com indicadores preexistentes na operação.	Métricas específicas para o canal, com avaliações próprias de cada modelo de Parceria, com desdobramento para os times que trabalham direta ou indiretamente com o Parceiro. Pessoa ou equipe de Ops dedicada para o canal.	
Fases de desenvolvimento do Canal	O modelo de Parceria ainda está em fase de validação, com nível de satisfação e/ou retenção dos clientes finais ainda entrando nos patamares esperados.	O canal já foi validado e está escalando com níveis de performance de LTV/CAC dentro do esperado. O momento é de fortalecimento dos diferenciais do canal e busca de novas vias de crescimento.	
Sistemas de Gestão de Processos	Os sistemas da operação não foram adaptados para o canal de Parceiros, gerando controles manuais e métricas de desempenho genéricas.	Sistemas adaptados ou específicos para operação e gestão do canal, possibilitando controle de performance específico e auxiliando o time a gerar mais eficiência.	
Gestão de Parceiros	As informações de performance do Parceiro são disponibilizadas de forma pontual (extrato de comissão, por exemplo) e ele precisa solicitar para a empresa informações extras sobre seus clientes e performance.	Existe um sistema que disponibiliza dados dos clientes e da performance do Parceiro de acordo com níveis de acesso, além de proporcionar análises de desempenho ou acompanhamento de regras de negócio do sistema de comissionamento, campanhas e bonificações.	

Agora, faça o cálculo de média aritmética simples neste eixo. Some todos os valores e divida pelo número de questões.

Score final:

Construa seu Octo online:

Capítulo 12

Construa seu Octo

e planeje os próximos passos

Octo final

Agora que você já tem o prognóstico dos 8 eixos do método Octo, está na hora de construir a visibilidade de todos eles no seu octógono e entender o prognóstico geral de seu ecossistema. No final de cada eixo, você identificou seu nível de maturidade médio, o objetivo é consolidar a análise aqui para ver com objetividade os pontos mais importantes para que sua organização dê o próximo passo na construção do ecossistema.

Indique na figura a seguir qual o nível de maturidade médio de sua organização em cada um dos eixos, conforme a avaliação que fez ao longo do livro.

Esboce o seu Octo aqui:

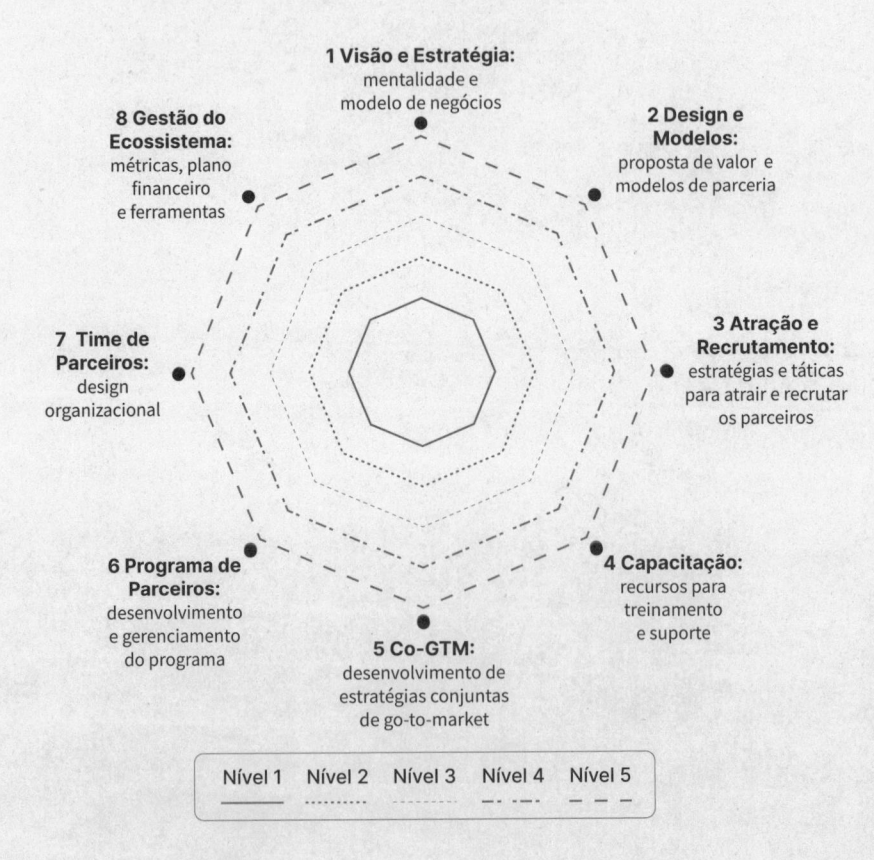

Assim como mostramos no capítulo 2, nessa análise você poderá ter uma figura semelhante a uma teia de aranha, como no exemplo a seguir.

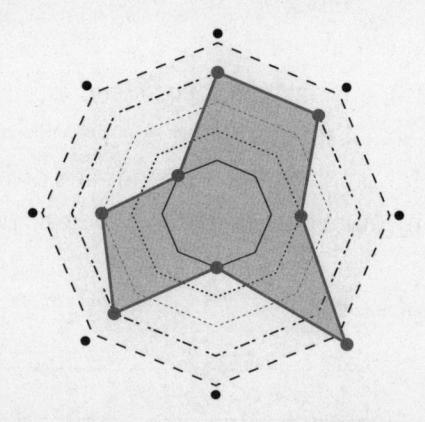

Este exercício de avaliação foi sendo feito aqui no livro. Incentivamos que também logue as suas informações na ferramenta de maturidade online para acompanhar sua evolução ao longo do tempo, depois de aplicada a metodologia aprendida aqui.

Construa seu Octo online:

E agora, uma pausa para reflexão!

○ Em qual eixo a sua organização já está colhendo bons resultados?

○ Qual ou quais eixos estão com níveis de maturidade evidentemente baixos e precisam receber mais esforços prioritariamente?

○ Como você e seu time podem construir um plano de ação para que os níveis de maturidade em cada eixo se tornem mais próximos e, assim, tenham uma operação mais forte com parceiros?

O Como vocês vão implementar uma cultura dentro da organização que encare o ecossistema como elemento fundamental para o sucesso do negócio?

Novas reflexões, dúvidas e desafios sempre surgirão ao longo da jornada com parceiros. Este ciclo é, de fato, infinito. Esperamos que o prognóstico do Octo complemente o aprendizado do livro e guie os próximos passos de um futuro de sucesso, ampliado via parceiros!

Anote aqui suas reflexões:

_____

_____

_____

_____

_____

_____

_____

_____

_____

Ecossistema de parceiros

Capítulo 13

Fora da caixa
Inúmeras formas de construir ecossistemas

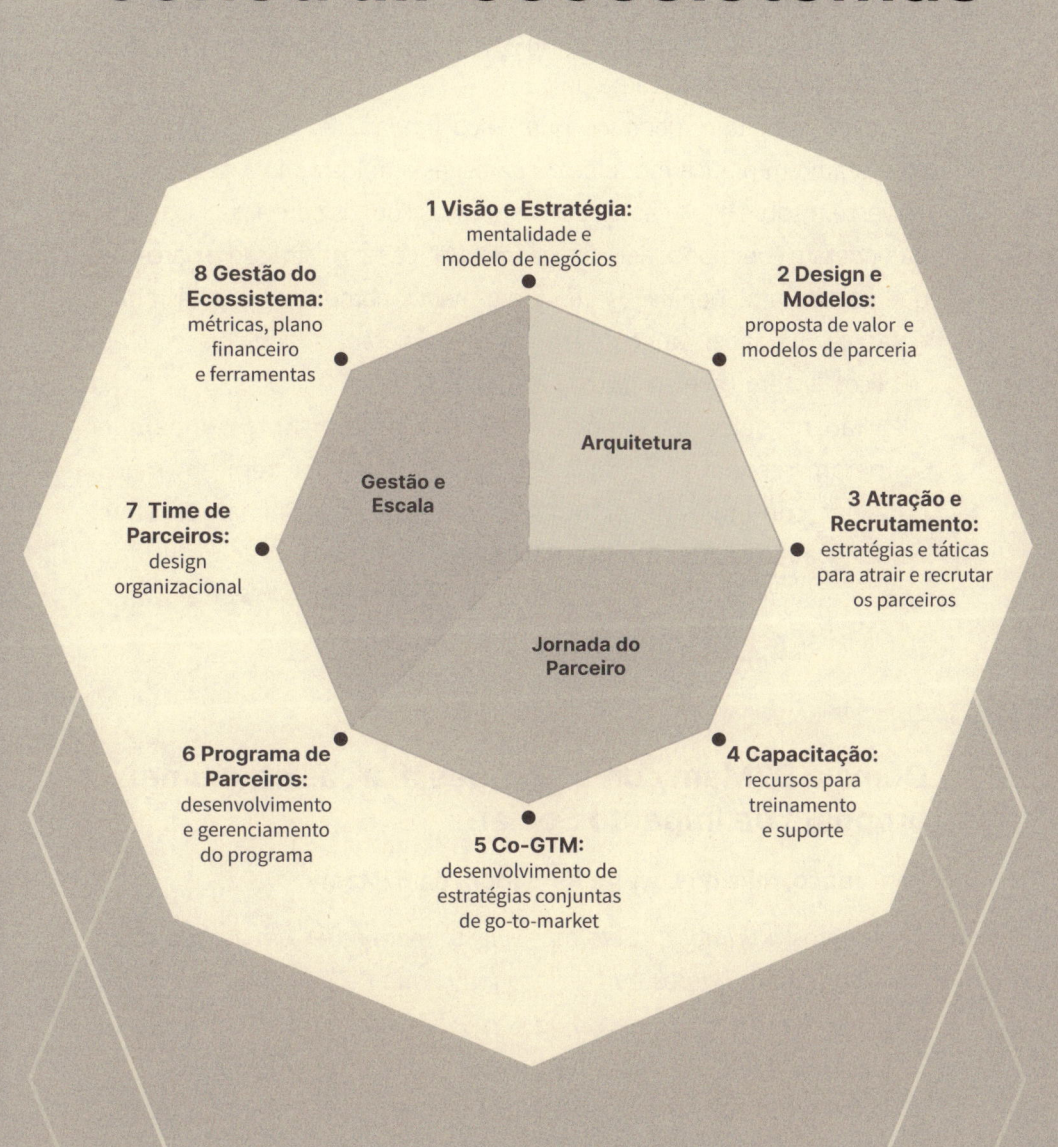

Depois de percorrermos os oito eixos da metodologia Octo (Ecossistema e Estratégia, Design e Modelos, Atração e Recrutamento, Capacitação, Co-GTM, Programa de Parceiros, Time de Parceiros, Gestão do Ecossistema), esperamos que tenha ficado claro que eles funcionam como uma base estruturante para a construção da sua avenida de crescimento com parceiros. No entanto, a maneira como você vai explorar as possibilidades desse novo jeito de se relacionar com empresas que complementam seu negócio é altamente flexível. E é isso que torna cada ecossistema único.

Neste capítulo, pedimos que cinco fundadores e executivos que colocaram em prática modelos de parcerias amplos ou fora da caixa escrevessem sobre a relação de suas empresas com os parceiros. Eles compreenderam como poderiam chegar mais longe se construíssem parcerias que gerassem os benefícios que tanto mencionamos nas páginas anteriores: capilaridade, ganho de eficiência, maior capacidade de acesso ao público-alvo e/ou aceleração dos resultados.

São modelos de negócio absolutamente distintos, mas que souberam responder à mesma pergunta que você tem em mãos para dar continuidade a todas as reflexões que iniciamos aqui: **como alavancamos nossa vantagem competitiva combinada com o ecossistema e nos tornamos mais valiosos para a indústria à qual pertencemos?**

***

Como a B2Mamy uniu grandes marcas com uma proposta de Impacto Social?

Dani Junco, mãe do Lucas e fundadora da B2Mamy

Somos a primeira socialtech que conecta mães em comunidade para que sejam líderes e livres economicamente por meio de educação, empregabilidade e senso de pertencimento.

Eu percebi que, depois da maternidade, conciliar a vida corporativa se tornou algo muito difícil e que essa não era uma dor apenas minha. Comecei a investigar por que isso acontecia e me deparei com números alarmantes: um cenário em que, a cada 10 mulheres, 4 perdem seus empregos após se tornarem mães.

A B2Mamy nasceu, então, para ser uma comunidade de apoio às mulheres por meio de trocas, processos de desenvolvimento e oportunidades estruturadas para que tirassem suas ideias do lugar. E grandes marcas que estavam comprometidas em melhorar seus indicadores ESG, construir vagas afirmativas e investir em impacto social nos viram como parceiras muito relevantes, com possibilidades de crescimento em via de mão dupla. Assim, as mulheres que fazem parte da comunidade podem acessar benefícios exclusivos com parceiros apoiadores como Google, Gympass, Purificadores Europa, WeWork e Terra Uol. Embora não haja uma troca monetária direta nessas parcerias, a troca de valor é imensa.

Na construção desse projeto, ficou claro para mim que no conceito de parceria estratégica reside a ideia de colaboração, cooperação e sinergia entre duas ou mais partes, visando alcançar objetivos. Uma boa parceria pode acelerar processos, aumentar o faturamento, reduzir os custos, aumentar o mix de produtos, abranger outras regiões e/ou alcançar novos mercados. Mas, antes de apertar as mãos, é necessário entender alguns pontos:

○ Existe um objetivo claro e comum?

○ O que está sendo oferecido gera valor para ambos?

○ Está minimamente claro qual a energia, tempo e dinheiro que cada um deverá colocar no processo e ambos consideram justo?

○ Existe um tempo de teste com indicadores de performance para seguir com algo mais duradouro?

○ O que essa parceria vai gerar de valor que você não poderia fazer sozinho?

Um ponto muito importante é que parcerias precisam ser fundamentadas em confiança. E confiar é esperar que o outro faça a parte dele na hora certa. Os contratos formais existem, no entanto, servem como reflexo da relação entre os parceiros. Vocês precisam saber o que será feito caso algum lado opte por deixar a parceria e como a união de esforços, recur-

sos e talentos para atingir objetivos compartilhados se dará na prática. Não é simples, mas é algo valioso e que tem o poder de transformar sonhos em realidade, tal como acontece diariamente na comunidade B2Mamy.

***

A Cuco Health destravou valor para médicos e pacientes ao resolver uma ineficiência da Indústria Farmacêutica

Livia Cunha, founder e CEO da Cuco Health

O mercado de saúde foi, tradicionalmente, um universo de experiências presenciais. A maioria dos pacientes sempre teve que cumprir seus passos em relação ao cuidado com a saúde se deslocando, fosse para ir a uma consulta, fazer exames ou comprar medicamentos. Nós nascemos nesse contexto, em 2016, mas desde o início com atuação totalmente digital, sem imaginarmos ainda que o modelo phygital seria o grande vencedor na saúde.

Nascemos com a proposta de usar tecnologia para aumentar o engajamento de pacientes em tratamentos médicos. Como uma enfermeira digital na vida dos pacientes 24/7, o Cuco Health possui conteúdo segmentado para educá-los sobre a condição crônica, alertas para lembrá-los dos compromissos de saúde como medicamentos e medições, e trabalha com gamificação para beneficiar os pacientes mais engajados. Em 2021, fomos adquiridos pela Raia Drogasil, que nos trouxe capilaridade, credibilidade e maior consistência de execução e resultado.

Juntos, começamos a operar com o produto Primeira Caixa, que revolucionou a estratégia de amostras grátis na indústria farmacêutica. Via plataforma Cuco, os médicos recebem um estoque virtual de caixas dos medicamentos que recomendam a seus pacientes, que podem fazer a retirada gratuita do produto em qualquer uma das lojas Raia ou Drogasil espalhadas pelo Brasil ou via parceiro logístico.

Antes, a entrega de amostras grátis era um processo ineficiente na cadeia. Nesse formato, geramos valor aos médicos - que liberam a caixa completa do medicamento para o paciente, e valor aos pacientes - que podem começar seus tratamentos e conhecer o medicamento de forma efetiva antes de investir na compra.

Criamos um ecossistema bem segmentado no qual as parcerias são evidenciadas com três agentes principais:

○ **Indústria farmacêutica (cliente):** por meio da força de vendas já existente, leva a solução para os médicos. Aproveita as visitas rotineiras para distribuição de medicamentos e oferece um diferencial de acesso por meio da plataforma Cuco;

○ **Médicos:** liberam a oferta para o paciente. Resolvem um problema de amostras no consultório e contam com apoio de materiais educativos para o paciente. O médico faz a liberação da amostra grátis via sistema e, para isso, também precisa da plataforma Cuco, o que amplia a distribuição;

○ **Rede de lojas físicas Raia Drogasil:** faz a liberação da amostra em toda rede de lojas físicas via sistema ou por meio de parceiros logísticos.

Esse modelo em que grandes empresas se associam às startups, como aconteceu conosco e a Raia Drogasil, é uma grande oportunidade para integrar a cultura de inovação e expertise para construção de novos caminhos de modelo de negócio, que as startups carregam, com o potencial de recurso e escala das empresas maiores. Os dois lados evoluem.

***

nstech: fusão de papéis no ecossistema de logística

Vasco Oliveira, founder e CEO da nstech, sócio da Tarpon PE

A nstech ajuda os clientes a terem meios mais eficientes de fazerem entregas, com redução da emissão CO_2, acidentes e roubos. Somos uma plataforma aberta de tecnologia para logística, formada por um ecossistema de empresas de nicho que oferecem centenas de soluções. O conceito de ecossistema é central para nossa estratégia, uma vez que construímos um sistema aberto que possibilita termos uma relação com empresas que antes competiam entre si e, agora, *aprenderam a coopetir, colaborando nas áreas em que encontram oportunidades conjuntas.*

Como a plataforma permite atuarmos de ponta a ponta na cadeia, os limites rígidos dos diferentes papéis de cliente, parceiro e fornecedor passaram a se fundir e potencializar o ciclo de aceleração da nstech. *Ao digitalizar a cadeia logística, todo mundo ganha, e até o cliente final acaba sendo um potencial parceiro de geração de lead, venda ou serviço de diversas soluções. Para exemplificar como o ecossistema opera, posso citar como interagimos com alguns grupos de parceiros:*

○ *Com seguradoras e corretores, temos uma relação simbiótica: enquanto clientes, eles crescem ao usar nossas ofertas e mantêm a sinistralidade sob controle. Além disso, atuam como parceiros ao indicar a nstech para embarcadores e transportadoras, pois reduzimos a sinistralidade das suas carteiras;*

○ *Consultorias de supply chain ganham dinheiro ajudando seus clientes a melhorarem eficiência e nível de serviço, reduzir custos e serem mais sustentáveis. Não dá para fazer isso sem tecnologia, então eles nos indicam e vice-versa, pois não prestamos serviço de consultoria – e, assim, construímos uma oferta complementar.*

A grande ambição do nosso ecossistema é melhorar o mundo pela tecnologia para logística e mobilidade. Tudo o que a gente consome passa por logística e, se a roda tem que girar, que seja por meio de operações de ganha-ganha para todos os elos do mercado!

***

Softplan: sinergias nos programas de parcerias do grupo pós-M&A

Ionan Fernandes, CEO da Unidade de Construção Civil da Softplan

Somos uma empresa brasileira de tecnologia que atua há mais de 30 anos fornecendo soluções de software para o setor público e privado.

Nosso foco é traduzir conhecimento em tecnologias especialistas, fornecendo soluções de software para empresas e instituições que apostam na transformação digital para impulsionar seus resultados. Temos um portfólio de produtos e serviços amplo, com destaque para as soluções de eficiência e produtividade, gestão da indústria da construção, processos judiciais e administrativos.

Uma de nossas frentes de atuação é o ecossistema de construção civil, que recebeu o nome de MultiSaaS. É um grupo formado por mais de 10 empresas, que incluem Construmarket, Prevision, CV CRM, Refera, Projuris, Checklist Fácil, entre outras. A atuação como grupo exigiu que tivéssemos práticas estruturadas nas rotinas de atendimento e essa experiência foi bastante valiosa para que lançássemos o Sienge, que chegou ao mercado por uma estratégia de co-GTM.

Seja uma construtora, incorporadora, loteadora, empresa de reformas, administradoras de obras ou grandes empresas com obras próprias, o Sienge serve como uma plataforma para a gestão de dados em tempo real para garantir os prazos dos projetos de construção civil. Sejam como clientes ou como parceiros tecnológicas, as empresas que se juntam ao nosso ecossistema conseguem acessar soluções para todas as etapas de uma obra.

Para funcionar como um ecossistema, tivemos que pensar não apenas na integração de produtos no Sienge, mas em toda a jornada dos parceiros, desde o atendimento até a prática de treinamentos e processos para minimizar os ruídos e maximizar o alinhamento de todos os membros do ecossistema com a nossa tese de negócio. É preciso refletir em questões como:

○ Quais os modelos de canais vigentes nas empresas que estão aderindo aos nossos programas?

○ Há uma solução que agrega valor a outras para criarmos incentivos?

○ Onde existe sinergia?

○ Quais serão as regras de convivência?

○ Como será trabalhada a exclusividade territorial?

○ Como minimizaremos os conflitos?

Mesmo com processos prévios de diligências de negócio, quando se desenha uma estratégia de GTM, surgem mais ajustes e oportunidades cruzadas. Principalmente quando se tem um portfólio extenso de produtos e serviços como no nosso caso. Isso posto, é sempre recomendado exaurir o máximo de perguntas sobre sinergias entre canais de distribuição antes da aquisição. Após os anúncios para o mercado, a Softplan tem investido bastante na comunicação para minimizar os ruídos e maximizar o alinhamento com a tese. A transparência ajuda clientes, parceiros e time interno a entender os próximos passos e, também, ter visibilidade das oportunidades de oferta conjunta, além do tempo de integração dos produtos. Isso envolve treinamento, capacitação e construção de incentivos atrativos para o time e para os canais se mobilizarem a ampliarem suas ofertas.

À medida que as soluções vão se tornando mais integradas, o mapeamento de clientes e parceiros começa a acontecer, bem como a integração dos programas. O grupo entende que, apesar da visão de ecossistema, não são todas as soluções que servirão para todos os parceiros, e também que a visão de integração e migração completa pode levar muito tempo. Então, o foco é alinhar a estratégia, nomenclaturas dos modelos de parceria, indicadores essenciais, modelos de atendimento e ir colocando tijolo por tijolo para construir uma grande rede de aceleração mútua. E os resultados já estão aparecendo, depois de multiplicarmos boas práticas da gestão de canais adotadas no grupo, uma das empresas teve um salto de representatividade de 10% para 60% de vendas gerada por parceiros.

***

Mendelics: a decisão de expandir as fronteiras via parcerias

David Schlesinger, CEO da Mendelics

Quando a empresa chega à fase de buscar uma nova audiência, entrar em novos mercados e/ou criar novas tecnologias, inevitavelmente vai se deparar com a discussão sobre internacionalização.

Nós nascemos em 2012, um laboratório de genômica com a missão de tornar o diagnóstico genético rápido, preciso e acessível para todos que precisam. Inicialmente a Mendelics copiava Henry Ford e seu Modelo T, que existia em qualquer cor, desde que fosse preta. A Mendelics ofereceu nos seus três primeiros anos um único produto: o sequenciamento completo de todos os genes de uma pessoa, chamado exoma.

O primeiro tipo de cliente foi a pessoa física. Um paciente, com um pedido médico em mãos, vindo diretamente ao laboratório e colhendo uma amostra de sangue ou saliva. Em 2015, expandimos nosso portfólio de produtos para incluir exames genômicos de menor custo e maior demanda. Novos canais de vendas surgiram quase que espontaneamente: outros laboratórios que antes enviavam exames para fora do Brasil, depois operadoras de saúde (planos de saúde) e, enfim, a indústria farmacêutica que buscava tornar o diagnóstico genético mais rápido e acessível, para que os pacientes corretos obtivessem o melhor tratamento disponível.

Navegar a regulamentação de saúde no Brasil é complexa. Entender o mercado em um único país de dimensões continentais também. Tentar fazer o mesmo em outros países na América Latina parecia algo impensável. Muito caro e arriscado para uma empresa que em 2016 tinha perto de 30 funcionários.

A internacionalização inicial veio como um movimento defensivo. Muitas farmacêuticas possuem suas matrizes da América Latina no Brasil. Assim, nossos clientes nos diziam, quase em tom de ameaça, que oferecer exames em outros países seria ótimo para evitar que outros laboratórios tomassem nosso mercado no Brasil. Progressivamente, os contratos foram estendidos para outros países. Diferente da Uber, que criou seu "playbook" e replicava seus movimentos como um exército de invasores alienígenas, a Mendelics cresceu um exame de cada vez.

Entretanto, os outros tipos de clientes têm uma heterogeneidade muito maior que projetos de farmacêuticas. Decidimos que não faríamos sozinhos. O "playbook" varia demais em cada país. Assim, inauguramos uma nova fase de internacionalização, de parcerias estratégicas.

Na Colômbia, nosso primeiro passo, nos juntamos com a maior seguradora do país, a Sura, para ajudá-la a montar o próprio laboratório de genômica. Tudo da Mendelics que era replicável foi replicado. Protocolos de laboratório, treinamento de equipes, estratégias de marketing e vendas. Passamos a oferecer nossa infraestrutura de software como um serviço que tornou a Sura rapidamente capaz de oferecer o mesmo padrão de qualidade da Mendelics no Brasil sem necessidade de anos de aprendizagem (a duras penas!). A Mendelics ganhou um parceiro que entende profundamente o sistema de saúde do seu país e que possui uma marca forte com 75 anos de história. Ganha-ganha.

Não há receita certa de internacionalização. O único conselho que posso dar sobre isso é que, qualquer que seja a estratégia adotada, a empresa aprenda com ela.

★★★

As falas desses empresários que respeitamos mostram que **pensar em ecossistemas é pensar além dos limites dos modelos de negócio tradicionais.**

Você já tem todas as peças dessa estratégia à sua disposição, o desenho final é você quem decide como construir.

Fora da caixa

Conclusão

Depois de termos apoiado empresas de diversos segmentos a resolverem seus problemas por meio da estratégia de parceiros e colocado em prática essa alavanca como uma das propulsoras para que os negócios desenvolvessem verdadeiras máquinas de crescimento, percebemos que nossas experiências complementares não rendiam apenas mentorias, boas conversas e debates, mas também poderiam ser organizadas numa metodologia prática e replicável para apoiar empreendedores, executivos e áreas responsáveis por parcerias de forma geral.

Embora a construção de ecossistema seja uma estratégia vencedora, raras são as empresas que se dedicam a desenvolver essa avenida de crescimento ou se propõem a ter uma atuação protagonista nos ecossistemas dos quais fazem parte. Esperamos que, depois desta leitura, você tenha se convencido a se juntar ao movimento e mudar esse cenário.

Em cada eixo do Octo, provocamos você a analisar como enxerga a própria empresa em termos de maturidade para ir ao mercado com parceiros que possam aumentar o valor de sua oferta e contribuir para a experiência de seus clientes. A intenção foi apoiá-lo a entender seu prognóstico e, a partir de agora, **nosso convite é para que você revisite todas as reflexões e trace o plano de melhoria para cada um dos eixos.**

O seu momento atual em termos de maturidade dita as prioridades para que possa evoluir sua estratégia e plano de ação de maneira consistente, sustentável e eficaz. Quando a empresa apresenta baixa maturidade em um ou mais eixos, significa que o primeiro passo é fazer o básico bem-feito. É preciso normalizar os eixos do octógono e construir os fundamentos para a relação com os parceiros, bem como o acompanhamento interno.

Em nível intermediário de maturidade, você já estará com foco em otimização, aumento da receita proveniente dos canais e em fortalecer as trocas com os parceiros para que o vínculo entre as empresas de vocês se mostre um investimento promissor em longo prazo. Quando a sua operação estiver fluindo de maneira bem cadenciada e com todos os indicadores relevantes mapeados, validados e bem monitorados, é que estarão prontos para **o desafio da alta maturidade: escala. Um dos sinais é, mais uma vez, a figura homogênea do Octo para essa fase.**

No início não tem jeito, é experimentação, busca de respostas e esforços organizados de maneira inteligente para adequar seus recursos ao nível de demanda que o primeiro movimento da estratégia de parceiros exige.

Depois de colher e implementar os aprendizados da fase de experimentação, você terá mais clareza de como ganhar produtividade com processos, métodos e mecanismos de gerenciamento automatizados.

Nós sabemos que muitos líderes estão ansiosos para escalar seu programa de parceiros, mas não recomendamos dar esse passo antes que o time e as trocas com os parceiros tenham alcançado um determinado nível de entrega, com resultados mais previsíveis e o suporte contínuo bem azeitado. Acredite quando dizemos que escolher os parceiros certos não é tarefa fácil, por isso ter processos bem amarrados vão proteger seus investimentos – em tempo, energia e financeiros – para que o retorno positivo aconteça. O que você viu aqui não se trata de um projeto com começo-meio-fim, mas uma decisão de negócio com começo e evolução contínua.

Começamos este livro falando sobre a relação de interdependência dos sistemas que prosperam no mundo. E voltamos a esse conceito agora na reta final porque a interdependência gera complexidade, claro, mas ela também nos ensina a cooperar. Nos ensina a enxergar o nosso papel com responsabilidade, compreendendo que tudo aquilo que executamos desencadeia um efeito dominó de longuíssimo alcance. A interdependência nos faz perceber que, quando apenas um lado ganha, isso significa, na verdade, que todos perdem.

O que dividimos com você, com todos os conceitos e exemplos de como operar ao lado de parceiros, reflete a mentalidade que acreditamos ser fundamental para o presente e o futuro das empresas: **não há maior e melhor inovação para o mercado do que aquela que construímos ao integrar o que cada negócio tem de melhor a oferecer, juntos, ao mercado.**

Posfácio

por Laura Constantini, sócia e cofundadora
da Astella, gestora de *venture capital*

O processo de crescimento acelerado representa o estágio inicial de uma jornada empresarial. Entretanto, sua verdadeira conquista reside na capacidade de manter esse impulso de maneira sustentável ao longo de uma maratona mais longa. Empresas que almejam triunfar nessa maratona são aquelas que não apenas buscam uma expansão veloz, mas sobretudo o crescimento sustentável como alicerce.

Depois de anos contando com excesso de liquidez nos mercados, conhecemos várias *scale-ups** chegando a estágios maduros e escala sem sustentabilidade financeira. Apesar de contarem com margem bruta elevada, essas empresas não conseguem criar uma estrutura de vendas e suporte ao cliente que garanta o nível de serviços demandados pelo mercado de forma rentável. Assim, um desafio crítico enfrentado atualmente por essas organizações é a busca por meios que garantam a continuidade dos serviços prestados, minimizando o impacto das despesas operacionais na estrutura financeira (OpEx).

Dominar a arte de encontrar, conquistar e manter clientes de maneira escalável e sustentável é uma proeza complexa. Nesse contexto, a estratégia de parcerias emerge como uma alternativa robusta para empresas que anseiam pela criação de valor a longo prazo. A estratégia de canais passa pela concepção de um ecossistema colaborativo com diversos tipos de parceiros que garantem uma experiência superior àquelas oferecidas por operações internas.

No cenário brasileiro, em particular, a abordagem de parcerias encontra terreno fértil, influenciado por fatores que vão desde a legislação trabalhista até o nível de digitalização no mercado B2B, aliados à

---

* Empresas com modelos de negócio escaláveis.

cultura relacional enraizada em países de clima tropical. Esse ecossistema acaba se tornando o maior diferencial das empresas vencedoras. Não só pelo alinhamento e experiência proporcionada pelos participantes, mas, e principalmente, pela dificuldade de criar e replicar um ecossistema inteiro que orbita ao redor de uma solução de tecnologia.

O que a Ju Tubino e a Nara compartilharam com você neste livro é um conjunto de habilidades globais, capazes de guiar a arquitetura e execução eficazes desse modelo. É hora de colocar esses aprendizados em prática, impulsionar o sucesso do seu ecossistema e trilhar um caminho de resultados duradouros.

Referências bibliográficas

ADLER, Allan. EcoOps and Scaling Partner Ecosystems. **PartnerHacker**, 2022. Disponível em: https://partnerhacker.com/ecoops-and-scaling-partner-ecosystems/. Acesso em: ago. 2023.

BECH, Hans Peter. The Partner P&L - A Key to Building Successful Channel Partners in the Software Industry. Dinamarca: TBK Publishing, 2014. Disponível em: https://issuu.com/tbkconsult/docs/tbk-wipa-017. Acesso em: ago. 2023.

CAIN, Liz. Channel Sales for SaaS: What It Is, When it Works, and How to Build Your Own. **OpenView**, 2019. Disponível em: https://openviewpartners.com/blog/channel-sales-for-saas-what-it-is-when-it-works-and-how-to-build-your--own/#.Xutf2mpKhTY. Acesso em: ago. 2023.

CARAGOL, Theresa. Channel Ecosystem Evolution: Darwin Was Right. **Forbes**, 2021. Disponível em: https://www.forbes.com/sites/forbesbusinesscouncil/2021/05/10/channel-ecosystem-evolution-darwin-was-right/?sh=380f9fc5478a. Acesso em: ago. 2023.

CROSSBEAM. Pamela Slim: Build Ecosystems, Not Empires | Supernode Conference 2022. **YouTube**, 21 jun. 2022. Disponível em: https://www.youtube.com/watch?v=LCXJYcwrB0o. Acesso em: ago. 2023.

FITZGERALD, Meg. The Journey to Building a Successful Partner Program for Your Software Business – Step 3 of 6. **Insight Partners**, 2019. Disponível em: https://www.insightpartners.com/blog/the-journey-to-building-a-successful-channel-for-your-software-business-step-3-of-6/. Acesso em: ago. 2023.

FOX, Kenneth.12 KPIs To Best Measure Channel Partner Engagement. **Channel Marketer Report**, 2018. Disponível em: https://www.channelmarketerreport.com/2018/11/12-kpis-to-best-measure-channel-partner-engagement/. Acesso em: ago. 2023.

FROST, Aja. The Ultimate Guide to Channel Sales. **Hubspot**, 2022. Disponível em: https://blog.hubspot.com/sales/channel-sales. Acesso em: ago. 2023.

GIL, Elad. **High Growth Handbook: Scaling Startups from 10 to 10,000 People**. San Francisco: Stripe Press, 2018.

GRAFF-RADFORD, Daniel. Building a Channel Partner Recruitment Plan. **Allbound**. Disponível em: https://www.allbound.com/resource-center/building-a-partner-recruitment-plan/. Acesso em: ago. 2023.

HWANG, Victor W. e HOROWITT, Gregg. **The Rainforest: The Secret to Building the Next Silicon Valley**. California: Regenwald, 2012.

JAY MCBAIN: Will Channel Automation turn Channel Chiefs into Chief Channel Officers?. **Channel Journeys**. Disponível em: https://channeljourneys.com/jay-mcbain--channel-automation-creates-chief-channel-officers-cj4/. Acesso em: ago. 2023.

JRAY. SolidWorks: The best VAR management program in the world? **ForEntrepeneur**. Disponível em: https://www.forentrepreneurs.com/solidworks/. Acesso em: ago. 2023.

KELLY, Michael. Mitigating Channel Conflict Through Value-Based Partner Differentiation. **Business2Community**, 2020. Disponível em: https://www.business-2community.com/sales-management/mitigating-channel-conflict-through--value-based-partner-differentiation-02275315. Acesso em: ago. 2023.

KELLY, Zoe. A Hiring Manager's Guide To Partnerships Roles And Job Titles. **Crossbeam**, 2022. Disponível em: https://www.crossbeam.com/blog/a-hiring-managers-guide-to-partnerships-roles-and-job-titles/. Acesso em: ago. 2023.

LEE, Julian. Are you ready to succeed in the channel partner ecosystem of the future? **LinkedIn**, 2022. Disponível em: https://www.linkedin.com/pulse/you-ready-succeed-channel-partner-ecosystem-future-julian-lee/. Acesso em: ago. 2023.

MCCLELLAND, Anne. The State of XaaS Channel Optimization: 2020. **TSIA**, 2020. Disponível em: https://www.tsia.com/resources/the-state-of-xaas-channel-optimization-2020. Acesso em: ago. 2023.

NILSSON, Daniel. Partner Program – The 14 Steps to Build Your Reseller Channel Program. **Daniel Nilsson**, 2023. Disponível em: https://www.daniel-one.com/create-reseller-channel-partner-program. Acesso em: ago. 2023.

PARTNERHACKER. Howdy Partners #22: Developing Your Ideal Partner Profile with Matt Doong. **PartnerHacker**, 2023. Disponível em: https://partnerhacker.com/howdy-partners-22-developing-your-ideal-partner-profile-with-matt--doong/. Acesso em: ago. 2023.

PARTNERHACKER. Hapily Leverages the Power of HubSpot's Ecosystem to Accelerate Growth. **PartnerHacker**, 2023. Disponível em: https://partnerhacker.com/hapily-leverages-the-power-of-hubspots-ecosystem-to-accelerate-growth. Acesso em: ago. 2023.

PARTNERHACKER. Howdy Partners #9: Tiering Your Partnership Programs. **PartnerHacker**, 2022. Disponível em: https://partnerhacker.com/howdy--partners-9-tiering-your-partnership-programs/. Acesso em: ago. 2023.

PARTNER Stack. **HubSpot**. Disponível em: https://ecosystem.hubspot.com/marketplace/apps/sales/partner-relationship-management/partnerstack-490573. Acesso em: ago. 2023.

RAMIREZ, Olivia. Want to Improve Activation Rates? I's Time to Co-Onboard With Partners. **Crossbeam**, 2023. Disponível em: https://insider.crossbeam.com/resources/improve-activation-rates-co-onboard-with-partners. Acesso em: ago. 2023.

RAMIREZ, Olivia. Partnerships 101: What is Ecosystem-Led Growth?. **Crossbeam**, 2023. Disponível em: https://www.crossbeam.com/blog/partnerships-101-what-is-ecosystem-led-growth/. Acesso em: ago. 2023.

RAMIREZ, Olivia. The Most Common Partnership KPIs and Quarterly Targets for 2023. **Crossbeam**, 2023. Disponível em: https://www.crossbeam.com/blog/most-common-kpis-and-quarterly-targets-partner-teams-2023/. Acesso em: ago. 2023.

RAMPELL, Alex. Distribution, Channel, and Partnerships. **Andreesen Horowitz**, 2018. Disponível em: https://a16z.com/2017/06/09/distribution-channel-partnerships-alex-rampell/. Acesso em: ago. 2023.

SALKIN, Scott. A Beginner's Guide to Structuring Your Channel Sales and Success Teams. **LinkedIn**, 2017. Disponível em: https://www.linkedin.com/pulse/beginners-guide-structuring-your-channel-sales-success-scott-salkin/. Acesso em: ago. 2023.

SPIRIC, Ali. 40+ of the Best SaaS Partner Programs (and Why They Are So Good). **Allbound**. Disponível em: https://www.allbound.com/resource-center/30-of-the-best-saas-partner-programs-and-why-they-are-so-good/. Acesso em: ago. 2023.

SOMERS, Jim. 23 Metrics to Track for Real Insight into Your Channel Partnerships. **Open View**, 2015. Disponível em: https://openviewpartners.com/blog/channel-partner-metrics/#.Xuu192pKhTY. Acesso em: ago. 2023.

TUNGUZ, Tomasz. 1.01^365 = 37.7. **Tomasz Tunguz**, 2019. Disponível em: https://tomtunguz.com/1-01365-37-7/. Acesso em: ago. 2023.

Adapting Channels to the New Ecosystem Economy. **E2open**. Disponível em: https://cdn.brandfolder.io/IDKCKNW5/as/39qj73wbshp8bxxg2qqrrp/E2open_Adapting_Channels_to_the_New_Ecosystem_Economy_White_Paper.pdf. Acesso em: ago. 2023.

Avanish Sahai: The 5 Myths of Application Platforms. **Channel Journeys**. Disponível em: https://channeljourneys.com/avanish-sahai-5-myths-application-platforms-cj25/. Acesso em: ago. 2023.

Channels Ecosystem Landscape - 2022. **Canalysis**, 2022. Disponível em: https://www.canalys.com/channels-ecosystem-landscape-2022. Acesso em: ago. 2023.

Channel Sales Roadmap (Part 3): Launching Your Channel Partner Program. **TechMarcLabs**. Disponível em: https://www.techmarclabs.com/blog/launching-your-channel-partner-program. Acesso em: ago. 2023.

Creating A Kick Butt Partner Recruitment Process. **Channeltivity**, 2023. Disponível em: https://www.channeltivity.com/blog/2017/top-2-considerations-partner-recruitment/. Acesso em: ago. 2023.

Como montar um modelo de comissão para sua operação de canais. **Plural Sales**. Disponível em: https://pluralsales.com.br/modelo-de-comissionamento-canais/. Acesso em: ago. 2023.

Ecosystem Orchestration and Success for the Next Generation. **360 insights**. Disponível em: https://www.webinfinity.com/building-a-foundation-for-channel-success-webinar. Acesso em: ago. 2023.

Educação de Parceiros (Partner Enablement). **Plural Sales**. Disponível em: https://pluralsales.com.br/partner-enablement/. Acesso em: ago. 2023.

How a Referral Partner Program Decreases SaaS Churn. **Impartner**. Disponível em: https://www.impartner.com/2019/10/24/how-a-referral-partner-program-decreases-saas-churn/. Acesso em: ago. 2023.

Partner Marketing Scorecards for Better ROI. **Successful Channels**. Disponível em: http://www.successfulchannels.com/partner-marketing-scorecards-for-better-mdf-roi/. Acesso em: ago. 2023.

Peter Wolf: How to Build Services-as-a-Service. **Channel Journeys**. Disponível em: https://channeljourneys.com/peter-wolf-services-as-a-service-cj47/. Acesso em: ago. 2023.